Wonderful
Wordsearch
for MOMS

Wonderful Wordsearch *for* MOMS

OVER 150 PUZZLES

Words Associated with Mothers – Part One

```
H Y H W M U F J P H R M I P U
V S O C R O L A O T O T R W G
Y I L H N J R N R D N I E W F
D D I D T E E A S R D D K Y E
N E D M N S M I Y E U P S D E
L Z A T T S W V N C A A U A L
U I Y R T C B R A V E T W U I
F N N C M M J T B G I I F G N
T A O R E A E J C T H E O H G
H G K K M T C H A R A N S T S
G R D I O E E R W U P T T E S
U O I S R R G I S G M O E R W
O J I S I N J C H I L D R E N
H U A S E A A N O I T O V E D
T V H V S L I S T E N I N G W
```

BRAVE	FOND	MEMORIES
CHERISH	FOSTER	ORGANIZED
CHILDREN	GRATITUDE	PARENT
DAUGHTER	HOLIDAY	PATIENT
DEAR	HONEST	PRIDE
DEVOTION	KISS	SMART
EDUCATE	LISTENING	THOUGHTFUL
FEELINGS	MATERNAL	WISDOM

```
V L M S S E N D N I K I Y L V
Y T I S O R E N E G N R T O E
G N N S N U N S F R E C G U J
N L O V T J G U I D A N C E B
I B I S F E H O N A I G F E A
V L T E U R N O U R R E J D C
I E A R N P W I A E V P A U K
G S I U D E P H N O P T N T I
S S C S C D S O L G T R R I N
K I E A W W C L R B C O S T G
N N R E A K W M B T E F N A E
A G P L R E C A R H P M R R A
H V P P M D V R A I S O A G A
T E A V T A D V I C E C Y J J
N T O E H E C N E I R E P X E
```

ADVICE	GENEROSITY	PLEASURE
APPRECIATION	GRACE	PRAISE
BACKING	GRATITUDE	RESPECT
BLESSING	GUIDANCE	SHARING
CARE	JOY	SUPPORT
COMFORT	KINDNESS	THANKSGIVING
EXPERIENCE	LISTENING	WARMTH
FUN	LOVE	WONDER

Children

```
T R A E L I N E V U J L V M E
Y N E G O R P O Y A K C H D N
G B N P H E N O S L E A T T O
R U Y B H W U I A P G N B H G
E R E A J N N C H T E A B T N
V E K L G R S Y E C M T W O U
A H V S I A E E S B R L S T O
H C T A R U N E I E N U N Y Y
S E B B N A L N L D P E N N P
R I K H G O O Y S U D E H I E
D S M E D S O M P U R A B T R
A S R A T U J I T O D D L E R
D A L Z T C L S N I N F A N T
D L I H C L P I C E R I N A S
N V R A G A M U F F I N E L K
```

ADOLESCENT	LASSIE	STUDENT
BAIRN	MINOR	TEENAGER
BAMBINO	PROGENY	TINY TOT
CHERUB	PUPIL	TODDLER
CHILD	RAGAMUFFIN	URCHIN
INFANT	RASCAL	YOUNG ONE
JUVENILE	SHAVER	YOUNGSTER
LADDIE	STEPSON	YOUTH

Floral Clock

```
S  E  S  U  S  E  S  S  O  M  S  G  S  L  Z
R  M  A  T  A  E  H  E  R  C  O  R  I  E  Y
K  Y  G  N  D  S  G  N  E  M  U  W  M  D  D
U  H  E  U  B  Q  R  E  N  O  F  I  H  G  L
K  T  M  R  U  R  U  C  H  I  T  S  Y  I  O
A  A  E  W  S  T  B  I  C  B  E  I  P  N  G
P  H  A  I  Z  E  N  O  O  O  L  L  S  G  I
E  T  T  T  R  I  I  R  B  U  O  A  L  E  R
S  R  Y  E  Y  E  D  S  V  S  L  X  P  U  A
O  B  E  Z  V  E  E  N  V  P  O  A  T  M
F  G  E  I  R  I  J  E  I  A  L  I  Q  O  O
W  R  L  S  T  D  R  A  E  S  P  E  L  D  S
H  A  N  D  S  E  M  P  E  R  V  I  V  U  M
N  I  A  G  A  R  A  P  A  R  K  S  E  K  T
H  L  A  M  R  O  F  S  I  R  E  B  I  M  C
```

BORDERS	MARIGOLD	SALVIA
EDGING	MOSSES	SEDUM
EDINBURGH	MULLEIN	SEMPERVIVUM
FORMAL	NIAGARA PARKS	SENECIO
HANDS	OXALIS	SLOPE
HERBS	PANSIES	THYME
HOURS	PRIVET	TIME
IBERIS	SAGE	TULIPS

```
W S D N U O S A R T L U E R H
C H E R R I E S L K W S L O T
N E R D L I H C S F S E C T R
G A H C E P V U W R S H A I I
T R L T E V D L E W E T R S B
H W O L M R L H L O L O I I E
E A N A U A T E E I E L M V H
D T L N L O N A W B M C T E T
A E Y R M I M U I T O R S H O
U R C E A I V K E N H U R T A
G G H T H F V I G L T O I H C
H T I A D O O F N N A Y F T H
T L L M O R N I N G S O N G I
E E D T O M Y M O T H E R C L
R N O I T I R U T R A P C S D
```

CERTAINTY	MANUELA	THE MOTHERS
CHERRIES	MATERNAL	THE VISITOR
CHILDREN	MORNING SONG	TO A CHILD
DUSK	ONLY CHILD	TO MY MOTHER
FIRST MIRACLE	PARTURITION	TOAD
FOOD	SHEARWATER	TWELVE
HOMELESS	THE BIRTH	ULTRASOUND
LIVING	THE DAUGHTER	YOUR CLOTHES

Animals' Young

```
R X I Y C U L G G B G T S Y H
H E H J T E N G Y C O X C R F
A K V H G G M K L T G U P V T
W F T L O M S V L N E G O E O
C O L T E X E Z I U T L L L M
B A Z Y Q B B L F D S G W B V
N L T R F N R D P Q I N X O L
W Q L F T E L L U P A R R E N
A C M S D N L E P B N B V K Y
F S M I G L A K P Y A E M I M
Q B P I B K L X Y U R Z W D P
V S C B E K A H Q E Y H T C H
J V B R M K G S T Y E O J U Q
R Z X H I A U J H L N X O B M
B K D E J A L V P T Y H H R P
```

COLT	FRY	PIGLET
CRIA	JOEY	PULLET
CUB	KID	PUPPY
CYGNET	LAMB	SMOLT
ELVER	LEVERET	SPIDERLING
FAWN	NYMPH	SQUAB
FILLY	OWLET	SQUEAKER
FOAL	PARR	WHELP

Lepidoptera

```
S R K L A R I M D A D E R H M
W I T O H V D P G B C M A T H
A N E L F G E R R A H L M O E
L G R Y H A A M R U B G M M R
L L Z O C Y K D P R D E O D M
O E S O L D I N I E U E C R I
W T C I B N I M O L R D C H T
T K N I A U S A B T W O C W P
A G S L S T T S N P G R R I C
I C L E O P A T R A A R T V N
L E Z N O L D I E N D F A L P
N I E F T E A R O R F L A S J
F L E A P U P M Y U F R C R S
K T E L U V I R B A V L I C U
S I L A S Y R H C A D F Y L U
```

ATLAS BLUE	DANAID	MONARCH
BRIMSTONE	DRYAD	MOTH
BUFF TIP	EMPEROR	PEACOCK
BUTTERFLY	GHOST	PUPA
CARDINAL	GRAYLING	RED ADMIRAL
CHRYSALIS	HERMIT	RINGLET
CLEOPATRA	KNOT GRASS	RIVULET
COMMA	LARVA	SWALLOWTAIL

```
I  V  L  E  V  L  A  P  I  C  N  I  R  P  N
E  E  L  A  V  T  R  L  A  C  I  T  I  R  C
T  V  A  Q  I  I  T  Z  U  R  C  O  N  N  K
N  E  I  A  A  C  S  I  M  I  G  H  T  Y  S
A  N  R  T  H  P  U  S  P  P  O  T  E  N  T
N  T  E  E  A  T  P  R  A  Y  V  R  N  T  R
I  F  T  E  C  C  I  R  C  M  E  A  S  N  O
M  U  A  E  L  M  I  C  E  O  R  N  I  E  N
O  L  M  A  E  O  G  D  L  C  R  C  V  I  G
D  C  R  E  L  E  V  A  N  T  I  H  E  L  M
Z  G  T  N  E  G  R  U  A  I  D  A  I  A  A
E  S  S  E  N  T  I  A  L  K  I  N  B  S  R
W  B  Y  L  N  N  C  Y  D  U  N  T  M  L  K
G  B  N  E  M  I  T  G  I  B  G  B  F  Y  E
E  T  C  K  U  T  N  A  H  C  N  E  R  T  D
```

APPRECIABLE	INDICATIVE	POTENT
BIG-TIME	INTENSIVE	PRIME
CENTRAL	LARGE	PRINCIPAL
CRITICAL	MARKED	RELEVANT
CRUCIAL	MASSIVE	SALIENT
DOMINANT	MATERIAL	STRONG
ESSENTIAL	MIGHTY	TRENCHANT
EVENTFUL	OVERRIDING	URGENT

To describe my mother
would be to write
about a hurricane in
its perfect power. Or
the climbing, falling
colors of a rainbow.

Maya Angelou

```
A G N I D L O G E R D T G Y J
N D P E Y L L A E N E K G E A
A M S N E B U R H U L M E R M
M A R T E L H E A N B D J O E
I P P E R T T B O W P J Q T S
K U C H O L L I N G H U R S T
H E P A N A S A N O T T A C U
N C L K N I B E A T T Y E W G
A N O M L A E V E O H B D S O
W P A D A E M I C Y A S E E T
E K X I R N D S D H B H O A W
C D V R P U C O S H S W I F T
M L E T N A M Y Y O S C E W V
R I B L L O U C Y L R U V N V
P E M A N T W L C R E G R E B
```

BEATTY	HULME	NAIPAUL
BERGER	JAMES	NEWBY
CATTON	KELMAN	PIERRE
DESAI	KENEALLY	RUBENS
DOYLE	MANTEL	RUSHDIE
GOLDING	MARTEL	SCOTT
GROSSMAN	MCEWAN	STOREY
HOLLINGHURST	MURDOCH	SWIFT

Swimming Pool

```
I D N E G A N I A R D A E L M
Y T R A P O S E R S J K B A E
C S X A E R S L E W O T E N O
R H L C O T E R P R A E T K P
A A L B W B B U T T E R F L Y
W L N O U H G S M M R I A S H
L L A F R D I N U B P U L X F
M O T D H I R S I S R O N L R
Y W N N D O N A T V S E U K E
E E U S O E G E U L I M L Y S
L N S H C I R N I G E D F L B
C D A O E I T D I T E C I V A
S A Z W E A E O Y D L F E I M
U Y V E X S R F L O A T I N G
M E T R A R E T A W H W G L T
```

BUTTERFLY	LIFEGUARD	STROKE
CHLORINE	LOTION	SUNTAN
CRAWL	MUSCLE	TOWELS
DIVING BOARD	PARTY	TRUNKS
DRAINAGE	POSERS	UMBRELLA
FLOATING	SHALLOW END	WADING
FLUME	SHOWER	WATER
LADDER	SLIDES	WHISTLE

```
E Z D C Y T E T N M G Z O S E
H M R O H C I R A A J I A O N
T M A E N A D I O T I K Q A E
E S Q P M O R M M Y B T I H U
L B U Z A P S Y P E L A S C B
R R O L A N H A B A D P M E G
W U K R A E S M J D S E S H H
O T A R E D R W J U I Z A C S
E K T T E A E I S Q L S P Y N
G O R G O N S A Q N U Y A S A
S E D A H N G F D D E M L P T
G G J P S E I F E J M A L Y I
W S A S P S E M R E H O A V T
H D V Q K Q T A K V S N S O O
E C R I C T A J Q A G I Y S M
```

BOREAS	HADES	MEDUSA
CHAOS	HERMES	MINOTAUR
CHARYBDIS	HESTIA	NAIAD
CIRCE	ICHOR	PALLAS
DAEDALUS	JASON	PEGASUS
DAPHNE	LETHE	PRIAM
ERATO	MAENAD	PSYCHE
GORGONS	MEDEA	TITANS

Mother Goddesses

```
V N N B H U G A N F A J O T E
A B A P N J D N E Y C B M G N
E A M I V M N D E D E P T A H
H E M I V W S R H N A N G I J
R D A G C I F I A Y B N U A C
I I I R A O P N T A E N O T K
V H R M P T T I B I H M F B J
L G A A S D U N P A R V A T I
W I M J U N O M A A V I D Y H
K R S T F L V G D A N P U H A
M B N I H S G P R A M U E Q J
S I C A N I T A B K G R K N H
N R J I R S H U A A A F J C G
L E S F W I I L E G S W M N S
L B O E J K I D E M E T E R S
```

BAST	HERA	NINTUD
BONA DEA	ISIS	NUT
BRIGHID	JUNO	PARVATI
DEMETER	KALI	QUIRITIS
FREYA	KUNAPIPI	RHEA
FRIGGA	LISIN	TOCI
GAIA	MARIAMMAN	VARAHI
GATUMDAG	NANE	YEMAYA

Bright

```
H Y D R B A G N I L K R A P S
V E S S D K L U S T R O U S I
V D S P L I R A D I A N T E G
S F E N L W C A J P T L G I N
G U Y T E E Y U E S S I N N I
Y N N O A T N R L L F G I C R
W R I N O N N D E L C H W A E
O B R M Y F I I I V E T O N T
H T T E A B L M D D L P L D T
S C H E Q L H A U I O I G E I
L N S Y H A F N S L V U S S L
Y U I A S Z D I P H L I T C G
Z T R S U I T N E G I I V E M
M S A I T N J T R R C N S N L
H D G R D G S L S L Y S G T V
```

BLAZING	HARSH	RADIANT
CLEAR	ILLUMINATED	SHOWY
FIERY	INCANDESCENT	SILVERY
FLAMING	INTENSE	SPARKLING
FLASHING	LIGHT	SPLENDID
GARISH	LURID	STARK
GLITTERING	LUSTROUS	SUNNY
GLOWING	PELLUCID	VIVID

```
P M E N A L P R I A S E F O R
O I D A L L A F Y K S I T N E
M Y M M U M E H T J F K H E S
E F A D C S E S S Y L U E T T
N T E R A B A C G K V C F W E
G O O D R J M U P A R A L O C
N Y J U D I M R L C S I Y R R
I S L A V A V A B N E D S K E
D T P C N S L A C A C O S H K
N O H S C A R A L L N Z U T A
I R A A L R M E R B E V P O R
F Y C A R E U N T A F D O P N
U C N C L V T U I S M Z T G O
N D U O G X E E E A I B C U O
O J T O R A D Y A C R S O N M
```

AIRPLANE!	*HARVEY*	*SISTERS*
ARRIVAL	*KRISHA*	*SKYFALL*
CABARET	*LA LA LAND*	*THE FLY*
CAMELOT	*MOONRAKER*	*THE MUMMY*
CASABLANCA	*NETWORK*	*TOP GUN*
DRACULA	*OCTOPUSSY*	*TOY STORY*
FENCES	*RAIN MAN*	*ULYSSES*
FINDING NEMO	*RAMBO*	*ZODIAC*

Feline Friends

```
C L L E H S E S I O T R O T S
C I X W A R M T H N Q U E E N
X L V A A P G I M N E P E T A
C L A L W N L A A S D T S P B
Q M L W I H R A U O E K T W A
H O O R S M R O Y Y W G U I S
C A R P A E M S G F N I W Z K
F U I L I B V N A I U H N M E
P U A R F N I I H E I L V G T
J D R Y S M T S L S L T O S W
E M F B O Q U A K E O F W A X
G J R O A R B E C M N A I X I
L P R Q B L R C C R P I O J M
L G O V B S L A U U Z R N X J
Q O W Y A O T Z J B B K U O O
```

BASKET	GROOMING	PAWS
BRUSHING	HAIRS	PLAYFUL
BURMESE	KITTEN	PURRING
CATNIP	MARMALADE	QUEEN
CLAWS	MIAOWING	TOMCAT
COLLAR	MOUSE	TORTOISESHELL
FLEAS	NEPETA	WARMTH
FUR BALL	NINE LIVES	WHISKERS

```
N O G D R N D M S T H G I L T
B Z E A N A M H C T A W U R T
O R V O O C E D I L W O I D P
O E K A H A W K C R R H A N N
N T F S F E S J O E S B W O R
E R L P A H R R K L B J R I C
I O A R A S R A G I Z E S S D
T P F D A E O E M O H M S I C
S K E I T R G L E S E T E V E
E R T D M E G E C C K R N U O
H O K L E D A S A H R R D T S
T W M F V I M D P O N N N E H
O O I F S R E A P O T W I U I
L L M A E R S R R L T O L A F
C B F R E L W A R C G G B P T
```

BLINDNESS	LIGHT	SHIFT
CLOTHES	MARE	SHIRT
CRAWLER	OWL	SPOT
GAMES	PORTER	TERROR
GOWN	RAVEN	VISION
HAWK	RIDER	WATCHMAN
HERON	SCHOOL	WEAR
LIFE	SHADE	WORK

Pets

```
O N Q H S I F L A C I P O R T
C A N A R Y I C T R P K N S V
L P N W G Z C I M P Z Z C N P
E H L I A E B B N C Y W S U C
I E U R P B G H A M S T E R D
T S D T A A E E S P Z O H Z A
A O N R I K R K R T Z U B O Q
K O T D Z P E R A B D H T B N
C G N O G I P A E N I U G M Y
O W M A R M O S E T S L O T P
C H U I A T H O R S E U E O P
B G O R F K O K U C S R K R U
P S O T O S P I D E R H I R P
H P J A L L I D S E T S H A Z
L N K I T T E N F E E N D P T
```

CANARY	GUINEA PIG	PUPPY
COCKATIEL	HAMSTER	PYTHON
DUCK	HORSE	RABBIT
FERRET	KITTEN	SNAKE
FROG	LIZARD	SPIDER
GERBIL	MARMOSET	TERRAPIN
GOAT	MOUSE	TORTOISE
GOOSE	PARROT	TROPICAL FISH

Tools

```
R A Y X E W S L S E N T Y Y M
C A R D K A E R E L L O R B G
N I A J D S H A E R E F P L E
N P W F I C N T O I H E A E G
S H R H O I S T E A L S N N U
C S C P E R A R T L S P B A O
Y K T S E T C C E C M A U L G
T R C A O C H E U D N I E P E
H O R R P E L T P D I V G D K
E F W E T L T S S S O V A N A
T Y R E N E E A L H M E I S R
S A T J R N W R S L L I R D Y
P H L E P L A C S E L B I R A
S D T D S A N P I N C E R S H
R E V A H S E E S T R E E R S
```

BAND SAW	GOUGE	ROTATOR
CHISEL	HATCHET	SCALPEL
DIVIDERS	HAY FORK	SCYTHE
DRILL	HAY RAKE	SHAVER
ELECTRIC SAW	PINCERS	SHOVEL
FORCEPS	PLANE	SPADE
GIMLET	PLIERS	SPANNER
GLASS CUTTER	ROLLER	STAPLER

```
B  S  T  E  K  C  I  T  W  O  H  S  G  G  J
R  E  C  S  C  H  O  C  O  L  A  T  E  S  L
A  U  A  R  D  S  R  E  W  O  L  F  Y  P  P
C  L  S  E  I  R  U  P  S  E  L  D  N  A  C
E  E  H  K  G  T  E  K  N  A  L  B  P  I  T
L  D  A  A  I  J  O  U  R  N  A  L  N  N  V
E  A  W  E  T  S  S  T  F  O  O  D  E  T  I
T  D  L  P  A  E  T  C  E  T  E  C  M  S  D
Y  I  J  S  L  U  K  N  W  B  K  K  K  C  E
A  F  A  Z  F  R  M  J  A  L  A  O  S  L  O
D  F  Z  R  R  H  Y  W  A  L  O  G  T  O  G
A  U  O  N  A  I  C  C  T  B  P  E  N  T  A
P  S  E  H  M  I  E  M  T  D  N  A  I  H  M
S  E  S  U  E  A  R  R  I  N  G  S  R  E  E
R  R  V  T  R  A  V  E  L  M  U  G  P  S  S
```

BLANKET	EARRINGS	PUZZLES
BOOKS	FLOWERS	SHAWL
BRACELET	FOOD	SHOW TICKETS
CANDLES	JOURNAL	SPA DAY
CHOCOLATES	NECKLACE	SPEAKERS
CLOTHES	PAINTS	TOTE BAG
DIFFUSER	PLANTS	TRAVEL MUG
DIGITAL FRAME	PRINTS	VIDEO GAMES

Secret

```
T C E C I R E T O S E I D D Z
E L V N B O H C R L R S E E U
R O I R E T L U R E F N L S D
C S T Z E V C S H F V C A O E
E E R N B R H P O G L O E L R
S T U D Y I N D T A D H C C E
P E F P E M E S S E I H N S T
O D T L A L H S T D S U O I L
T I D S L R I C D H D S C D E
C E K A O F I E U J E H U N H
D E W U I R N T V E D H G U S
D Y D E T L A B S T R U S E B
S E D S H W O M U A A S E C E
D K E T A V I R P A U H C U Y
T R E Y C D E S I U G S I D H
```

ABSTRUSE	FURTIVE	SHIELDED
CLASSIFIED	GUARDED	SHROUDED
CLOSETED	HIDDEN	SHUT AWAY
CONCEALED	HUSH-HUSH	TOP SECRET
COVERT	MASKED	ULTERIOR
CRYPTIC	PRIVATE	UNDISCLOSED
DISGUISED	RESTRICTED	VEILED
ESOTERIC	SHELTERED	WALLED OFF

Repair

```
R Y B E C H G T H G I R T U P
E S D A R G E C T Y P G I R O
D S L E U O O H L Q U P M E G
R E I B M R T U O R H A P C E
E F E V R E A S E K C T R O I
S D R E E H R D E A U C O N D
S C C U R R R R M R O H V D E
K T O E V O R I E B T U E I D
L M V O N E N A B N Q P D T A
A O D I C E T L C G O E E I R
E O T T H H E C E N S V J O G
H U I S P M A V E R S F A N P
P F E T A R O C E D E R F T U
Y R E J U V E N A T E N Y N E
F T S U J D A R E P O I N T T
```

ADJUST	PATCH UP	REMEDY
COBBLE	PUT IN ORDER	RENOVATE
CORRECT	PUT RIGHT	REPOINT
DEBUG	RECONDITION	RESTORE
FRESHEN	RECTIFY	REVAMP
HEAL	REDECORATE	REVISE
IMPROVE	REDRESS	TOUCH UP
OVERHAUL	REJUVENATE	UPGRADE

```
T S O U F F L E T E A D N U S
E J E Q Q J F Z I R B L O O Q
C O B B L E R U O P U O P W C
A V O L V A P Z P T E G M O T
Z C O M P O T E S M V C O B R
S U S I M A R I T O A K N Y E
Y X A P P L E P I E I E G I Q
N Z M I D S H M R E R U R Y M
L A O O K L X A S C P G T C B
R C L V U M T E T O N M E S S
A P I F R S Y R A V A L K A B
T E B R O S S C I P T U N D Q
F O D E I N W E G F L D U Y A
E L B M U R C C T F L D J K N
Z E I P D U M I I J Q E I U V
```

APPLE PIE	ETON MESS	PAVLOVA
BAKLAVA	FLAN	SORBET
BOMBE	ICE CREAM	SOUFFLE
COBBLER	JUNKET	SUNDAE
COMPOTE	KULFI	TAPIOCA
COOKIES	MINCE PIE	TIRAMISU
CREAM PUFF	MOUSSE	TRIFLE
CRUMBLE	MUD PIE	YOGURT

Clouds

```
W H E S U T A M M A M S I H F
A L T O S T R A T U S H M D A
C S I A L T O C U M U L U S L
I U H C I R R U S M T E Z O L
H L W M I A C O N T R A I L S
P U C J A G N I W O L L I B T
A M C O V R O Z B R C V N O R
R U I N N I E L S T O R M R E
G C N S I V Y S O H N S V E A
O O O U S A E P T R W T A D K
R R L E W Y R C S A D W O N S
O R C L E A D A T I I Y R U P
H I Y I K C A L B I W L H H E
S C C P F L U F F Y O N V T V
J E T S T R E A M C S N Q H T
```

ALTOCUMULUS	CYCLONIC	PILEUS
ALTOSTRATUS	FALL STREAKS	RAIN
BILLOWING	FLUFFY	SNOW
BLACK	HYDROLOGIC	STORM
CIRROCUMULUS	JET STREAM	THUNDER
CIRRUS	MAMMATUS	VIRGA
CONTRAILS	MARE'S TAIL	WHITE
CONVECTION	OROGRAPHIC	WISPY

We were born from
Love and Love was
our mother.

Rumi

Breakfast

```
M F Y Z G S E K A C N A P R A
P U Z T M S O T I P M M F E A
Z S E O T A M O T I A S T T S
W J V S T P L L C R L F O R N
A O Z M L T A H M A O E A U A
F R E G V I S A E T E U S G E
F A E G I B L R O F M Y T O B
L N A E O A E P F N D Z N Y G
E G M D D C L O P U A X A H O
S E U E C O C B A G E L S O V
Q J F L Y N M J O I R S S N Q
A U F I Q G J S M E B P I E T
H I I O A P R I C O T S O Y H
E C N B T I U R F E P A R G A
Z E S S A U S A G E S A C G M
```

APRICOTS	CROISSANTS	ORANGE JUICE
BACON	GRAPEFRUIT	PANCAKES
BAGELS	HAM	POT OF TEA
BEANS	HONEY	SAUSAGES
BOILED EGG	MARMALADE	TOAST
BREAD	MUESLI	TOMATOES
CEREALS	MUFFINS	WAFFLES
COFFEE	OATMEAL	YOGURT

Mythical Creatures

```
D T E U W A V A N G S F D U O
T N A I G E X P E N K Q R Y B
F A E T X B A N S H E E I A D
M M G X R I I E E F T L B I F
E E O A O E P S T R E C R K Z
D R M R Y H N S A N I D E X Q
A M A I N A T I T T R S D I P
S A J N E Y B E J A Y Q N N I
U I O P K W G A G Q C R U E Y
D D U I A M K O B R Y B H O N
E G E E R Y N O R Y C P T H U
M V A L K Y R I E G L R T P B
I B A S I L I S K Y O X T A T
X N I H P S S J S L P N R L V
G A R E T E R A L L S Y G V M
```

BABA YAGA	GORGON	SIREN
BANSHEE	KRAKEN	SLEIPNIR
BASILISK	MEDUSA	SPHINX
BUNYIP	MERMAID	SYLPH
CYCLOPS	NESSIE	THUNDERBIRD
DRAGON	PHOENIX	TITAN
GENIE	PIXIE	TROLL
GIANT	SATYR	VALKYRIE

Toys and Playthings

```
G T S T A R Y H R Q U M C A W
Y H C E T Z U H F U R B Y L U
E C L L A B E S A B Y E L Y F
T A M S N L L A B T O O F N I
T Y W L I Y J U E A D Z Y W S
E M A E P E B D A G L U E O K
S E M D S B D Z A T B Z L I C
G E T G L Y K R M G R Z T S O
N B Q E B V N S N E I E T L L
I S S E P O E I B C C Y A I B
D I A T O P W D X A K C R D A
L R Z L H S U X W Y S A A E K
I F L O K E B P Q F H G R N S
U A R E T P O C I L E H R B O
B A S T L I T S C O O T E R Y
```

BALLOON	FURBY	SCOOTER
BASEBALL	HELICOPTER	SLEDGE
BLOCKS	KITE	SLIDE
BRICKS	MECCANO	STILTS
BUBBLES	PINATA	SWING
BUILDING SET	PUPPET	TEDDY BEAR
FOOTBALL	RAG DOLL	YACHT
FRISBEE	RATTLE	YO-YO

Orchestral Instruments

```
I L V M Z E S M P Q M Q W V E
T K V A D W T U Y U H A I I O
E R A T I U G U R C B D Y U B
N C V M J P L D L M E S O A O
I I Y A D A E C I F C L S K T
R U C T B L W R I A O S L E B
A E J N T V A I S M O L P O H
L G C T Y M I T N O E M Y O V
C R E O U U A O N A U R C R C
Y K C O R N E T L R P I T A E
M M D N E D W N T A P M J B L
B U Q T M D E B Z I R N I U E
A L S L L E B R A L U B U T S
L G L O C K E N S P I E L I T
S T R O M B O N E G M W K E A
```

BASSOON	FLUTE	RECORDER
CASTANETS	GLOCKENSPIEL	TAM-TAM
CELESTA	GUITAR	TIMPANI
CELLO	KETTLEDRUM	TROMBONE
CLARINET	LYRE	TRUMPET
CORNET	MARIMBA	TUBA
CYMBALS	OBOE	TUBULAR BELLS
DULCIMER	PIANO	VIOLA

```
Y A M A M R O F G N O S A A L
B Y F N K U I S U F O O W T J
A E F A V S L S H E Y M A M A
B I O F S N L H S I W E H T Y
E N G T M U B E M M V B T T R
H A N C P O E V G H L O H Y T
T M I E A Y T M A N C D E I O
D O R F L O H H G B A Y B M T
E W I R L T E H E I D S E A E
A R E E E N R I L R A H S M S
R E R P T R E U S T N E T A I
M P D E I U J A V I C R D S M
A U A H T T D J Y E E O A A O
M S M T B I E S U O H I Y I R
A F W H E R E Y O U L E A D P
```

A SONG FOR
  MAMA

ANGELS

DANCE

DEAR MAMA

HEY MAMA

HOUSE

I'LL BE THERE

JULIA

LET IT BE

MADRE

MAMA SAID

MOTHER

PROMISE TO TRY

RING OFF

SADIE

SOMEBODY'S
  HERO

SUPERWOMAN

THE BABY

THE BEST DAY

THE PERFECT
  FAN

THE WISH

TURN TO YOU

TWO OF US

WHERE YOU
  LEAD

```
M A R I A L M E O I D S L O H
A B M E C S L S P E D O E R S
E F E U K W N L A J S P E I I
R C P C S P P O A A E D E A F
C V O I M E C E R B S J G H Y
E R O N C Z M A D K H R S C L
C I L L S N P E U A E C L K L
I R S E V H I C N L P L A C E
S U N T A N R C E T L S D E J
S F A S O O N I S K S O N D B
E W L S Y W P W M E E Z A O O
D A A A G F E S U P T Y S Z A
I D R V G A K L F F I L C G T
T P M F E S E Y J E K N Z L S
S Z J I H S D E A N W D G J S
```

AMUSEMENTS	INLET	SHRIMPING
BEACHBALL	JELLYFISH	SNORKEL
BOATS	KITE	SPADE
CLIFF	PARASOL	SPRAY
DECK CHAIR	PICNIC	SUNTAN
DUNES	POOLS	TIDES
FLAGS	ROCKS	TOWEL
ICE CREAM	SANDALS	WAVES

Bays

```
N N W N W U S A J H A E T V D
C A E G E G U G H L V S Y L A
D E R K W E W H L W W P F G B
Y E W R O O R E C O P A N O A
K H E S A R W G C R E G T I N
F C R M D G B B A R N E G A T
K A L R E I A J F A N B O H R
A L H P G A E N H O A Q G A Y
M A G Z K N M P S R U P E R T
I P Z R B A P S A E N I T A S
N A G I D R A C J E T H N R A
U M E L I B O M W U A T O I P
M A N I L A G A L W A Y M T M
H R F I N E R C K R A L R A A
W I H N G K I E S E M A J N T
```

APALACHEE	GALWAY	NARRAGANSETT
ASSONET	GEORGIAN	NEWARK
BANTRY	GREEN	PEGWELL
BARACOA	HAWKE	PHANG NGA
BARNEGAT	JAMES	RARITAN
BROKEN	MANILA	RUPERT
CARDIGAN	MOBILE	TAMPA
COPANO	MONTEGO	UNIMAK

```
S C U D E D E B M A D A E S B
T P L O R D J I M J I D R R I
I R A A K D O N Q U I X O T E
D A I R N D B C N D E M B J Y
I N H L T A E N A O Y R A J
E N P S B A R A A L T M O J F
H A B A E Y C K A U K I Y M O
N K S T I Y L U W W G Y L C Q
Y A W O L L A D S R M E A O G
I R E M F M E H A L Z R S E L
A E I J A E I M J I R Z R T Q
I N Y O K R H K A I O T Q B E
E I Q N L L H F E R R V O K G
R N Q E S I N C R U H N E B E
F A Y S Q N R O D N E G R U J
```

ADAM BEDE	DON QUIXOTE	MRS DALLOWAY
AMELIA	GERTRUD	ROB ROY
ANNA KARENINA	HEIDI	ROMOLA
AYESHA	JURGEN	SHIRLEY
BEAU GESTE	LANARK	SPARTACUS
BEN-HUR	LOLITA	TOM JONES
CANDIDE	LORD JIM	TRILBY
CARRIE	MERLIN	ZORRO

Opera Composers

```
Y H C S U P E P M D R L T Y F
K G I Y H C L W B E E H K D S
S C H R E K E R I D C S E S S
G E P Y O S D T N I N J A S I
R Z J G M C N A V I P L S M B
O N M Y Z E H O V F G M M E E
S E T V P P K A I I O P E N E
S H R R B A R T B N E K T O T
U W A M T T Z O T R C S A T H
M H Z S S N R E K U I Y N T O
C B O H E A V N L O R E A I V
I H M R M E F G J N F O R E E
S C H E R U B I N I S I W N N
E O A D E B U S S Y J R E Y A
C U I T M U A K N I L G A V D
```

BEETHOVEN	GLUCK	PFITZNER
CHABRIER	HANDEL	PROKOFIEV
CHARPENTIER	HENZE	RAMEAU
CHERUBINI	MENOTTI	SCHREKER
DAVIES	MONTEVERDI	SHOSTAKOVICH
DEBUSSY	MOZART	SMETANA
GLASS	MUSSORGSKY	SMYTH
GLINKA	PEPUSCH	STRAVINSKY

Bread

```
R E L L I M M W R G W H I T E
C R U S T Y H I R J L U V E R
T E Z W I E B A C K O U N I I
S A S W A I I R P H H H T O S
A V G T N B E A R M E G Z E I
O A D A R E S F A I D T U V N
T K T O R A C R L A A A T O G
E Y V T F L R E E M F E T A D
C K O S E A I N O E S U N X A
U H K U Q L K C Z O O E Y T N
A K A U B S U H R R U O L F A
S P E L L W B F C U R E T B D
Z T B L L G E H F U M R F J A
A A O T S A E Y A U R B W T M
W R S E M U H E E N M A S I A
```

ANADAMA	GARLIC	RISING
CHALLAH	GLUTEN	ROLLS
CROUTON	KNEAD	SAUCE
CRUMBS	MARRAQUETA	TOAST
CRUSTY	MATZO	WHEAT
DOUGH	MICHETTA	WHITE
FLOUR	MILLER	YEAST
FRENCH	MUFFULETTA	ZWIEBACK

Super-mothers

```
I R F R E T H G U A L S F H U
E B R S A R D U C K W O R T H
E L E E R E L L I K N A M P E
L K L N G N G N O S N H O J W
D W D O M T N S T C U R I E O
A R N J F H L D I R I E O S H
E F E A O G C S U G H K I N G
H S S K E I D I A H O F O K A
N U J A L L N V V K R T S L K
F S O Y D A V R F O N W L H C
K K L M H A W A E A K E U A E
C I I V G T M J T E R C M Y B
L N E H E O U S P R L A O E M
E D J G S M E R E K B O L R O
N O S I D E U T T O V E R E B
```

ADAMS

BOMBECK

BROCKOVICH

CURIE

DIRIE

DUCKWORTH

EDISON

HEADLEE

HOWE

JARVIS

JOHNSON

JOLIE

JONES

KING

LIGHTNER

MANKILLER

OBAMA

SENDLER

SLAUGHTER

STANTON

SUSKIND

TERRELL

TRUTH

WALKER

Wind

```
S M N K C E N I S M A H K C Z
I Y A W W R C J T F C B D A X
M L T D T H O R E N L F I L V
O R T K Z U I S O L Q K S I E
O E A H I L R R S F T O B M Z
M H M K R G S B L W U N G A D
A T R A A Y N A U W I A E D O
E R A D E T E I E L I N L G L
R O H B T R A S L R E N D F D
T N D Z R V T B A I O N D E R
S T A B R E I S A D A B C Z U
R T H E R M A L T T N V B E M
I M G L E I T T Z E I O E E S
A T Y P U E L C H E J C Z R P
O G Q Q E N A C I R R U H B P
```

AIRSTREAM	GENTLE	PUELCHE
BOREAS	HARMATTAN	SIMOOM
BREATH	HURRICANE	SOU'WESTER
BREEZE	JET STREAM	THERMAL
CALIMA	KATABATIC	TURBULENCE
CROSSWIND	KHAMSIN	WESTERLY
DOLDRUMS	NORTHERLY	WHIRLWIND
FORCE	PREVAILING	ZONDA

```
Y  F  F  D  P  F  R  U  R  Y  O  D  W  K  T
Z  N  E  F  B  M  O  E  L  E  E  B  O  C  P
B  G  A  R  D  E  N  E  V  S  T  U  L  O  F
O  N  P  A  N  Y  L  T  K  O  T  S  J  F  F
W  I  U  M  S  Q  H  P  B  O  H  G  U  E  F
B  M  P  E  B  N  P  T  S  I  M  D  D  L  B
M  R  B  E  E  K  E  E  P  E  R  S  F  G  C
O  A  O  G  N  I  T  S  H  A  X  L  Q  N  R
C  W  E  U  K  I  E  B  O  U  I  O  G  I  R
Y  S  D  R  O  N  E  B  N  E  M  E  B  Y  P
E  Y  N  O  L  O  C  E  V  Z  S  M  E  L  O
N  A  W  X  A  W  S  E  E  B  Y  G  I  F  K
O  L  U  V  F  T  E  G  M  S  S  G  N  N  M
H  J  B  V  S  E  G  T  L  U  T  G  Y  I  G
R  Y  T  C  E  S  N  I  H  R  E  K  R  O  W
```

BEEKEEPER	FLYING	NESTS
BEESWAX	FOOD	PUPAE
BOARD	FRAME	SMOKE
BOXES	GARDEN	STING
CLUSTER	HONEYCOMB	SWARMING
COLONY	HOVER	VEIL
DRONE	HUMMING	WINGS
EGGS	INSECT	WORKER

```
S  S  S  L  O  R  A  C  Y  Q  S  E  R  S  S
E  G  S  L  R  Y  T  N  I  U  D  S  A  E  Z
I  O  D  N  R  T  N  C  N  S  A  D  I  I  S
L  D  G  Y  O  A  E  S  P  N  U  P  N  V  A
F  T  N  N  R  I  H  D  D  E  P  M  D  O  M
R  O  I  G  I  I  N  C  D  U  L  J  R  M  T
E  H  K  M  N  M  A  O  P  Y  R  R  O  D  S
T  Q  L  E  G  S  M  Y  D  C  B  R  P  L  I
T  T  A  F  T  H  Y  I  L  E  S  E  S  O  R
U  I  W  L  S  W  P  C  W  L  I  D  A  W  H
B  U  E  O  Z  S  T  N  E  S  E  R  P  R  C
S  S  L  W  T  I  U  R  F  C  X  J  F  D  S
V  C  S  E  S  R  O  H  S  T  O  R  I  E  S
O  N  E  R  D  L  I  H  C  I  Y  F  Y  Q  I
K  H  R  S  G  N  I  D  D  E  W  U  Y  Q  N
```

BUTTERFLIES	HORSES	ROSES
CAROLS	HOT DOGS	SANDCASTLES
CHILDREN	JELLY	STORIES
CHRISTMAS	MUSIC	SUNSHINE
FLOWERS	OLD MOVIES	SWIMMING
FRIED ONIONS	PRESENTS	TEDDY BEARS
FRUIT	PUPPIES	WALKING
GRANNY	RAINDROPS	WEDDINGS

Talk

```
D E T A C I N U M M O C E R S
R F T S T E U R K A F Y E I E
N E E A T R N C E T U J Y G A
G V I A C H E P E C P C L M F
F W T N Y I T M H E O D G R S
A S Q A T E L A M E S U E W S
H I O U P E T P E A K T N E S
R Q R M O T R M P P T P T T E
E J U E E T E R T U E S J I R
T R B R B N E A O L S R H C D
T I H A T B T R R G E S S E D
A M O I N T A O R L A P J R A
N Z O C L T U J A B E T Q J J
U N U E E B E T P A P L E A D
N I A L P X E R K U E A U Q S
```

ADDRESS	NATTER	REPEAT
BANTER	ORATE	SPEAK
CHATTER	PARROT	STAMMER
COMMUNICATE	PLEAD	STATE
EXPLAIN	QUOTE	SUPPLICATE
INTERROGATE	RECITE	TATTLE
JABBER	RECOUNT	TRUMPET
MENTION	RELATE	UTTER

I think my life began
with waking up and
loving my mother's face:
it was so near to me, and
her arms were round
me, and she sang to me.

George Eliot

```
R Y R E D I P S H E L I G A V
F D G N A E T A K U B S V N A
M E I G A A D A L A L U L A R
A T I B L I J O T L N A E N T
N A I V A S T R O I I C T V H
S D A N U R A N V L A U R I R
E U K E C C H A E R B J M V O
R A C N H O L Z A I B M C I P
I C M I F V L N C M L U R P O
N M A U E E G O A Z U A G A D
E N N G Q I L K N S H E S R W
L E T N D A M I I I C L W O B
F I L A R I I D N D A A U U G
E V E N T O E D E E M L L S L
L Y T C A D O I T R A D L Y J
```

ALULAR	CANINE	PALLIUM
ANGUINE	CARANGID	SALIENTIAN
ANSERINE	CAUDATED	SCALY
ANURAN	COLONIAL	SPIDERY
ARTHROPOD	EVEN-TOED	UNIVALVE
ARTIODACTYL	FELINE	VAGILE
AVIAN	FILARIID	VIVIPAROUS
BATRACHIAN	MANTLE	WARM-BLOODED

```
I A E C A R G A I N A L E M U
M A R M I N A R A B R A B Y H
M A M S A C E A S C M I C T F
S E C N A R F O H I D N E K E
U A E V E S T I C T A B J U L
F L Z N J D L H S N A U H O E
L L T K I L E E A Z L A U R A
O I G D A L Y D I I R I T X N
R C F R L L E L A A S I A A O
E S Y E M R E U S A U R Y I R
N I F A T A U H Q D H L E T F
C R T H E L M A C C K E L I M
E P A T R I U I W A A B L T B
L E T A R I A K E G R J O E Y
B N O H A I T E R C U L D L N
```

BARBARA	HILLARY	MARTHA
DOLLEY	JACQUELINE	MELANIA
ELEANOR	JULIA	MICHELLE
ELIZABETH	LAURA	NANCY
FLORENCE	LETITIA	PRISCILLA
FRANCES	LOUISA	RACHEL
GRACE	LUCRETIA	SARAH
HELEN	MAMIE	THELMA

```
Y G G S E S K Y E K C O H E N
O Y D I E H O O R A Y F Y O O
L M T N R O W I N G E A L D D
O N L N S T F P G N L H I I U
P A U E S P N O C N T H V S J
R S A T O U R I O A I I I C G
E T V E F T N L T T N X Y U N
T I E L T G H N O G B C O S I
A C L B B T E S Y N L A Y B E
W S O A A P A R H I G P L R O
U E P T L I E A N T V J E L N
S A P E L H M G A O E G U C A
O E P I C M H V T O M I K M C
H W N R E E H I G H J U M P P
W G A R M E M U H S V E G D Y
```

ARCHERY	GYMNASTICS	POLE VAULT
BOXING	HAMMER	ROWING
CANOEING	HEPTATHLON	SAILING
CYCLING	HIGH JUMP	SHOOTING
DISCUS	HOCKEY	SHOT PUT
DIVING	JUDO	SOFTBALL
FENCING	LONG JUMP	TABLE TENNIS
FOOTBALL	PENTATHLON	WATER POLO

```
E  T  I  D  O  R  H  P  A  T  R  A  G  U  S
O  T  H  Q  C  T  A  Y  G  T  E  Q  I  H  A
H  W  B  E  A  U  T  I  F  U  L  N  L  C  F
A  Y  D  X  M  K  R  N  E  O  W  T  D  R  X
J  E  H  S  I  R  H  I  V  U  N  B  I  E  D
I  N  H  S  U  L  T  E  E  E  R  E  E  A  R
J  T  S  W  U  U  R  O  M  I  N  T  R  F  E
D  I  P  U  C  R  W  H  F  D  E  H  U  A  E
E  E  X  H  T  D  C  I  S  O  K  A  S  I  R
A  T  M  S  O  A  Q  H  T  L  X  N  A  R  I
N  D  N  O  T  K  I  T  T  E  N  D  E  E  S
G  D  R  T  T  P  K  N  T  N  O  S  R  S  E
E  K  A  K  W  I  D  O  G  T  V  O  T  T  D
L  H  E  Y  B  P  O  M  E  X  S  M  Q  H  U
I  L  Y  L  O  V  I  N  G  A  A  E  L  Z  Q
```

ANGEL	DOTE	KITTEN
APHRODITE	EMOTION	LOVER
ATTACHMENT	EROS	LOVING
BEAUTIFUL	FAIREST	SUGAR
CRUSH	FRIENDSHIP	TENDER
CUPID	HANDSOME	TREASURE
CUTIE	IDOL	TRUE
DESIRE	KISS	YEARN

```
S H M W S T R H A R G I T A Y
N N A M I K O C D E N L S V S
R E N N E J S E R C E P I U D
L C D U K L S B O N R V L Y L
P E O K B S E A F A D W L R O
A M R B E R L I W I E Y E M N
I D A N A I L E A H H D N T Y
S V O N P I I U R S N E I R E
A J W T S N N U C A J B M E R
G P O I N F I O L D E E C H N
S N A S L L I R S R N Y U S V
A U A T M S A E G A V W H I S
E V O L O G O M L K S F A F K
L U S L R W A N E D I V G H D
H U D S O N G R I F F I T H N
```

BERGMAN	HEDREN	MANN
ROSSELLINI	GRIFFITH	APATOW
CRAWFORD	JENNER	MANSFIELD
GERBER	KARDASHIAN	HARGITAY
GARLAND	LIPTON	REYNOLDS
MINELLI	JONES	FISHER
HAWN	LOVE	WILSON
HUDSON	COBAIN	HANKS

```
L A L M C U T F L O O W A E D
Z W E J O A N O F A R C T I Q
O I T R A H R A E B P N P R H
R N P Z T V I K M A I E H U C
K I O B X H H K R G R E F C I
C R D S D Y A K H O R R G O R
I K O N N X S T N I A E B R T
D A A O H H I X C N F R B S E
D G Z X S N O S K H A L I A I
O P D F G E F J H G E R O L D
R Y C A A N V A C E O R N O M
N A L A U S T E N E L G D M S
R E J Q H U U U L E R L E E B
G I G V V Y N O H T N A E F M
H A L I L E D F Y A S U F Y I
```

ANTHONY	GANDHI	PERON
AUSTEN	GARBO	RODDICK
BERGMAN	JOAN OF ARC	ROOSEVELT
CURIE	JOHNSON	SALOME
DELILAH	MEIR	SHELLEY
DIETRICH	MONROE	THATCHER
EARHART	NIGHTINGALE	WOOLF
FRANK	PARKS	YOUSAFZAI

```
T P S S E L R E E P A Y T T E
S S O H R D E N I T S I R P E
E G E R Z E Y R A L P M E X E
H N C N C L I R H T S I C L C
G I H E I E H M O F T W B T F
I N O U G F H P E S F A T O L
H W I F N G A T E R T O C P A
G O C E I R N C F A P M E N W
K R E P L V I I E O U M L O L
F C E O R N E B D M M P E T E
P R A A E E N S I A J A S C S
R N F U T U M T T E E T E H S
I W H U S E P I U A K L L R E
D G A J O O S S U P R E M E C
E X Q U I S I T E M A H L H V
```

CHOICE	GREATEST	PRIDE
CREAM OF THE CROP	HIGHEST	PRISTINE
CROWNING	LEADING	SELECT
EXEMPLARY	NICEST	STERLING
EXQUISITE	OPTIMUM	SUPREME
FINEST	PEERLESS	TIPTOP
FIVE-STAR	PREMIER	TOPNOTCH
FLAWLESS	PREMIUM	UNBEATABLE

```
H G U O R O H T R U B D S G I
G D T H F I N I S H E D N Y S
D S E N E D R S Y H N E A U E
E S C C E G E E S P E T P B T
R E S E N L S I E X M E U D U
R L T E R E L S P H R L L U L
A T C E L O I E E B S P T A O
M O E Y P E R R C L V M I C S
N P R N E T M E E X H O M C B
U S R L A N W A S P E C A U A
G N O L E G T L L I X I T R U
A E C E O D V I R B C E E A B
T E X T B O O K R J Y E I T M
S S E L N I S M Z E S O R E E
U D E H S I L P M O C C A P N
```

ABSOLUTE	EXPERIENCED	SHEER
ACCOMPLISHED	EXPERT	SINLESS
ACCURATE	FINISHED	SPOTLESS
BLAMELESS	MATCHLESS	SUPERB
COMPLETE	MODEL	TEXTBOOK
CORRECT	PEERLESS	THOROUGH
ENTIRE	POLISHED	ULTIMATE
EXCELLENT	PRECISE	UNMARRED

```
S F E S E O H H C T U D E K R
R R B T J I A W R N E B O E H
N E I R O N V O W D U M D E I
S L R I H S W E I C A D Y L J
A L D N Q E O C K L A E E C D
W I F G L C I E L L C E A Y O
H K O O T T T E R S T A S C O
O D O M S I T U R C H Y N I F
R E D E H C X O B L O O T B T
S E P H C I H W H Q G R V L N
E W B S N D K O A A E I V E A
C L D B A E T I P S M T Y O L
S A I V I C E R T P W M Y U P
E N I W T D K L U P E O E P A
B I C I I A E S F M F R B R I
```

BICYCLE	HAMMER	SAWHORSE
BIRD FOOD	INSECTICIDE	SHOVEL
BOW SAW	LADDER	STRING
BUCKET	MALLET	TOOLBOX
CHOPPER	OILCAN	TRESTLE
CREOSOTE	PESTICIDE	TROWEL
DIBBER	PLANT FOOD	TWINE
DUTCH HOE	SACKS	WEEDKILLER

Decorating

```
G K P S P U S H M Y S N O E P
L X U U T R W X I V L G N N R
O V E V I S E H D A S G A E R
S D A Q U R R P Y T T N P R S
S B O R E F C I A X N A L C P
C E M M N K S I H R S L A L A
R O I U H I N H U T A F N W T
A R X V Z E S N E N F T S S T
P U I I R T G H O O Q G I R E
E S N E N N S I L H N K O O R
R G G I I L S D B I F L J S N
V R A L I L I O V G L S L S Y
K P I A U N C O E E L X M I S
W E N M G X C F R O K U I C U
C M E A S U R E M E N T E S A
```

ADHESIVE	NAILS	ROLLER
CEILING	PAINT	SCAFFOLDING
COVING	PASTE	SCISSORS
EMULSION	PATTERN	SCRAPER
GLOSS	PLANS	SCREWS
GLUE	PREPARATION	SIZING
MEASUREMENT	PRIMER	STAINER
MIXING	RAGS	VARNISH

```
K U I P O Z S O X A N E A R M
T O C E A J O I O N F A O N A
W L C R E R K S I C A R I A C
S K K A H K O A E O B U E E S
U O A A T O D S U N S O P U O
S R R E B A D E D O M H H Y R
O T P O A X I E R Z A T S U A
H A A A P A E D S L A A Z V N
T P T S Z L N B O Z T S J L I
N E H E N A V N E H S P M V G
Y R O V G V I M A Y Y A M N E
K O S E Y A M S A D K O M V A
A S L L H A S I Z R R K H O T
Z O N F R O C S I A N R Y S S
F E A G S C H R Y S I T Y E I
```

AEGINA	HYDRA	PSATHOURA
CEPHALONIA	ICARIA	RHODES
CHRYSI	KARPATHOS	ROMVI
DOKOS	MAKRI	SAMOS
EUBOEA	NAXOS	SYRNA
FLEVES	PAROS	THASSOS
FOLEGANDROS	PATROKLOU	VALAXA
GRAMMEZA	POROS	ZAKYNTHOS

```
K S A T I T L U M F E N B S F
A Y M B P R O T E C T W E S U
F A M I L Y W E N A P E T E F
T C E L E B R A T E E G A N E
E W N Y M U D K R L W G C D T
C I H D T I R O B M T G I N N
I S P R U H L I O C T V D I A
F E U G E A S T E H O H E K D
I N A A I N U P H R D T D H I
R U R C O C S M P K S L T D F
C T E P V E A F D S M R I R N
A P S I R S A M A Z I N G H O
S E P W B T W N K B E V O L C
R T T R K O B E A U T I F U L
W R G N I R I P S N I E A S E
```

AMAZING	FAMILY	PROTECT
ANCESTOR	GUIDANCE	PROVIDE
BEAUTIFUL	HEART	RESPECT
BIRTH	INSPIRING	RESPONSIBLE
CELEBRATE	KINDNESS	SACRIFICE
CHILDHOOD	LOVE	SPECIAL
CONFIDANTE	MULTITASK	WARMTH
DEDICATE	NURTURE	WISE

```
P X T H H S S X M U M O H D A
J O Y S I A D U W Y I A C M F
W N H R Y S R C P K R O T C A
M C I E S A V G T T J Y E Y R
G Q S A M O F P X K R B V E B
I O Q K V P R L E N G I P S J
E H T F G R T R X U O P N O B
A N E M O N E U E L I Y P R E
H E A T H E R V E L F O M R T
G N S B M B Q T S L P W Z A O
S A E Y N L D S A P O S K S N
Y C L E L E Y X Y V U R E H Y
W L Z F X D H L L E B E U L B
S X I T A T D E I E G Q T S O
W J E L T S I H T Q H W F D H
```

ANEMONE	HEMP	RUSH
ARUM	HENBANE	SORREL
BETONY	HOP	SPIGNEL
BLUEBELL	IRIS	TEASEL
DAISY	LADY'S SLIPPER	THISTLE
FLAG	LILY	VERVAIN
FLAX	POPPY	VETCH
HEATHER	ROSE	VIOLET

Desert Island

```
C S S K N E T U J E L N W B T
E V E S E L B B E P U A P N F
J N B E S E S S A R G E J E A
D E S E R T E D G E H C E R R
U J N R K T K L K N B O A R Y
R U I E E L M C A S T A W A Y
D E E C A D E L H X C L U B Y
S U S G X R U E A R W A V E S
R S O C W J L T M P E G D F S
Z O H P U T B E I P W T N L E
N R I C E E Q E S L R J A U A
I H O R I V E R A K O M S W S
S C O C O N U T S C I S S N U
G H E I K C S K M N H L E T R
A R B E L S I J A I V H Y A F
```

ANIMALS	GRASSES	ROCKS
BARREN	LAGOON	SAND
BEACH	OCEAN	SEA SURF
BERRIES	PALM TREES	SHELTER
CASTAWAY	PEBBLES	SHIPWRECK
COCONUTS	RAFT	SOLITUDE
DESERTED	RESCUE	WATER
DUNES	RIVER	WAVES

```
R N L O O H C S H B I J S J E
E I Z W A I N I E C E D R N C
H S P O U S E M I G R A N T R
T U S D Q A Y T I O U U U W O
A O P I C B N R C L N N H F V
F C Y W S E O E E A I P C C I
A L M F R T R L N T Z T C L D
M F F A N V E C B U E O A D E
Y A P Q L R I R R R N M T R V
C R R H S E I R O M E M E F Y
E P D R N K H L T R T H A C B
N V S T I I L F H U P M T H N
S H L K M A H T E P I H C O G
U L I N E A G E R L F K A E M
S N E P H W C E Y I J M H N N
```

ANCIENT	FAMILY	ORPHAN
BROTHER	FATHER	PARENT
CEMETERY	LINEAGE	RECORDS
CENSUS	MARRIAGE	SCHOOL
CHURCH	MEMORIES	SISTER
COUSIN	MILITARY	SPOUSE
DIVORCE	MOTHER	UNCLE
EMIGRANT	NIECE	WIDOW

A mother's arms are
made of tenderness
and children sleep
soundly in them.

Victor Hugo

```
S Y P J S R E F A W D U O E B
J M E S E N I L A R P L D C Y
E P A C T U J E F E D E B I D
D L W E O I J O T F E M R M N
S N L P R C F K V S U A I R A
H S C I P C O M I E J R T A C
E M H H T E P N O U G A T G F
R U E S O S A E U C I C L U O
B G W T M C A R A T A I E S N
E E I O A N O P D N I F M X D
T N N F R C S L E R U C M W A
Z I G F G H Y H A D O T E K N
A W G E P C R A G T O P B Q T
F W U E P Y U E N K E Y M A N
I W M M N A P I Z R A M Z I R
```

ANISEED	CREAMS	PRALINES
BRITTLE	FONDANT	SHERBET
CANDY	FUDGE	SUGAR MICE
CARAMEL	MARZIPAN	SYRUP
CHEWING GUM	NOUGAT	TOFFEE
CHOCOLATE	PASTILLE	TRUFFLE
COCONUT ICE	PEANUT BAR	WAFERS
COMFITS	PEAR DROP	WINE GUMS

Brave

```
A X S Y H A P Z T U H C Y L S
E H S U O R O L A V N Z D Q U
L E C E O Z Z I U R G F R V O
T R U L Q E D Y E C E F A H R
T O Y S A A G S L A K M H Y U
E I U K R C O A R N Q Y U T T
M C N I E L I L R R A N T H N
S Y N T U E E O E U A M N G E
P G O T R S H G T F O F A U V
I A E B S E F C R S E C I O D
R L X R D W P A Z I S Z L D A
I L C A L W I I S J T Y A P H
T A Z Z T D J T D N S T V O G
E N H E C J Y M U A T U Y Y X
D T I N D O M I T A B L E S U
```

ADVENTUROUS	FEISTY	METTLE
BRAZEN	GALLANT	PLUCKY
CHEEKY	GRITTY	RESOLUTE
CHUTZPAH	HARDY	SPIRITED
COURAGEOUS	HEROIC	STOICAL
DARING	INDOMITABLE	UNAFRAID
DOUGHTY	INTREPID	VALIANT
FEARLESS	MANLY	VALOROUS

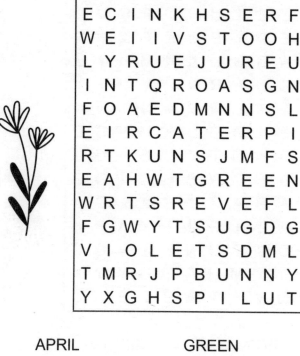

```
C R E X W O L L I W Y S S U P
N O A O F L D A F F O D I L L
E C I N K H S E R F A L H A J
W E I I V S T O O H S E J M E
L Y R U E J U R E U E N H B F
I N T Q R O A S G N I R P S H
F O A E D M N N S L M O X L T
E I R C A T E R P I L L A R G
R T K U N S J M F S C S Y E E
E A H W T G R E E N E R H J P
W R T S R E V E F L M V A E I
F G W Y T S U G D G I A L N Y
V I O L E T S D M L O R R A O
T M R J P B U N N Y H Y P C C
Y X G H S P I L U T E M W A H
```

APRIL	GREEN	NEW LIFE
BUNNY	GROWTH	PUDDLES
CALVES	GUSTY	PUSSY WILLOW
CATERPILLAR	LAMBS	SHOOTS
DAFFODIL	MARCH	SPRING
EQUINOX	MIGRATION	TULIPS
FEVER	NARCISSUS	VERDANT
FRESH	NESTS	VIOLETS

Cakes

```
S E D E G N O P S N O M E L J
A H C O M F A R D E T A N A V
F E H T C U R R A N E W E V W
F Y R T O A E L Y P U E P E K
R G I L T R E R W Z F O D D T
O R S E L B R A M F E D P C R
N U T B G E S A O J I O Y H C
G B M Y H E E C C N A O R E O
K N T C O R N G G L M F E E C
M E I F Y U O Y N A A L G S O
U T U L O T C I D Y D E N E N
F T R N L X S N G E E G I U U
F A F R I I K V R R I N G M T
I B E R A M F C U R R A N T A
N E F R R E T S A E A G N I G
```

ANGEL FOOD	EASTER	MIXTURE
BATTENBURG	FILLING	MOCHA
CARROT	FRUIT	MUFFIN
CHEESE	GINGER	POUND
CHERRY	LAYER	RAISIN
COCONUT	LEMON SPONGE	SAFFRON
COFFEE	MADEIRA	SCONES
CURRANT	MARBLE	WEDDING

```
S G L W C N Y A P V E T I H W
L N T V N F R S O M W M A C M
A I S O E S K C P C U Y S L N
O D U G N C E W E R E G D E E
V L G K V O N A R S O H L E C
S A U V I G S A T J S Y E M R
I P A O K I P R R E I A I O E
N S T N O M H S E R N T F S I
N J F T A M C L G H O T H W P
E H A R R I S O N G P T O E N
D W C A P P S E N D O C H N S
R H U P F U V G F N E B M F A
P J Y P N E L L U C O H C L S
F R E E L I N G J M O R G A N
J A L L G O O D R S A L L A D
```

ALLGOOD	FIELDS	MORGAN
AUGUST	FREELING	NEWSOME
BOGGS	GUMP	PARR
CONNOR	HARRISON	PIERCE
CULLEN	HAYES	SPALDING
DALLAS	HYATT	TORRANCE
DENNIS	MARCH	VON TRAPP
EATENTON	MCPHERSON	WHITE

```
E D Z O T S E R A E K A T T E
Z N E O A C M P Y F M N B A S
O I R T O S Q B O E L O T K W
O W L U M Y E R R I S D E E O
N N O O E E T Y E S R O G I R
S U O L R Y N D E I S F P T D
B L S L W E O I C T K F T E X
W F E I C W N A G B U F C A R
F Z N H N E T L P A Q H L S Y
O K U C K N T E U C M E S Y T
S C P C A Y E L N K R I G X Y
Y D A P I L R E B M U L S E N
U L O R S T S I E S T A F L G
S C F Z N E T A N R E B I H Q
W P K L E D A Y D R E A M Q N
```

CATNAP	LIE DOWN	SLACKEN
CHILL OUT	LOOSEN UP	SLEEP
DAYDREAM	NOD OFF	SLUMBER
DOZE	RELAX	SNOOZE
DROWSE	REPOSE	TAKE A REST
FORTY WINKS	SHUT-EYE	TAKE IT EASY
HIBERNATE	SIESTA	UNBEND
IMAGINE	SIT BACK	UNWIND

```
M  A  I  K  I  E  V  S  E  I  K  I  W  N  S
G  B  K  S  L  Y  V  I  S  A  L  V  E  R  N
A  A  R  W  O  H  A  S  M  G  A  H  L  P  O
N  H  B  U  N  V  A  D  R  P  O  N  C  S  I
G  R  O  H  G  L  A  U  D  W  L  O  O  A  T
N  E  Q  O  A  O  S  R  G  O  L  G  M  I  A
I  M  T  A  N  S  D  O  D  L  O  S  E  D  T
N  B  M  S  G  R  E  A  E  Z  H  G  O  S  U
E  O  U  O  A  S  O  H  F  A  Z  B  Y  O  L
V  A  T  W  I  M  U  I  L  T  A  H  D  N  A
E  T  Z  T  P  E  A  O  G  R  E  T  W  E  S
D  A  L  J  S  C  M  N  D  N  H  N  O  U  N
O  R  L  S  T  F  G  A  D  D  O  G  H  B  A
O  D  R  U  O  J  N  O  B  F  U  U  B  G  J
G  E  L  L  A  T  A  N  E  I  D  A  B  A  L
```

BOA TARDE	GOOD EVENING	NAMASTE
BONJOUR	GRUSS GOTT	SALAAM
BUENOS DIAS	HELLO	SALUTATIONS
BUON GIORNO	HOLLOA	SALVE
DOBAR DAN	HOW GOES IT	SHALOM
GODAFTEN	HOWDY	SVEIKI
GODDAG	LABA DIENA	WELCOME
GOOD DAY	MERHABA	ZDRAVO

Adventurous

```
S U O I T U A C N I E R A P W
A S U O I R A C E R P L A A N
Y S U O R E G N A D E G U C A
I C E E R E U D A D V D D D T
P A N D X D E R K I E A A A O
G S W A A C E S M A N U C M G
N P P R H D I P E R T N I R N
I S I L E C E T O F F T O E I
O N U V U T P M I A U L U C T
G S I O U C A C N N L E S K R
T L A O L N K N T U G S F L O
U G U Y T I D Y F E A S G E P
O S R I E I R F E A R L E S S
B S C M H Y D E T I R I P S A
H S I L O O F Y P C I O R E H
```

AUDACIOUS	FEARLESS	PERILOUS
CHANCY	FOOLISH	PLUCKY
DANGEROUS	HEROIC	PRECARIOUS
DAREDEVIL	IMPETUOUS	RECKLESS
DARING	INCAUTIOUS	ROMANTIC
DAUNTLESS	INTREPID	SPIRITED
EVENTFUL	MADCAP	SPORTING
EXCITING	OUTGOING	UNAFRAID

```
J N O K U Y O R E L O B Z D C
E X E M R A P G M U K O M N A
N A I R O B I R M G D Z O K E
C F E G A K E S B M K S S A E
H T A B A L L W A W R Y Y Z Y
A V S R D Z B E R A T P T A E
M R O Y M G S E C N E Z P N L
P V T V T T M T E A M E U M R
E A P A R A T C L I P V M A E
I H N O P O N A O D O F Y R B
T D P T G O E N N N P S U I M
A I E N H E E D A I J O I O A
O I I A J E F L Y A W A Y N C
N A P O L I R E C R O L A V I
A C O R A O O M I K S E K V M
```

BARCELONA	IDEAL	NAPOLI
BOLERO	INDIANA	PANTHER
CAMBERLEY	INGOT	PARMEX
CARSON	KAZAN	SWEET CANDLE
CLEOPATRA	MAESTRO	SYTAN
ESKIMO	MARION	TEMPO
EVORA	MOKUM	VALOR
FLYAWAY	NAIROBI	YUKON

"Mother" in Many Languages

```
J R H O D M S E D P B M I B T
N E R M A I V N E Y M A J K K
M T E A F E A U N M M T N M Y
A T T N H G R E V A M H M S D
R U U M G D N A M D Y A G R G
U M M A H E A U M C D I R E P
A W I N C N S K I R Y R P D G
B N I M A M K H E D P G M E W
A A S D I U O A A D N A Y O R
M J V O T M U H N R A V I M R
U A E M I S A A W U E U Y P V
N B N H B J O J B J W T M W L
D T I N F O V F K E C F I L E
M C A M E N Y O K A P E K M P
M A K U A H I N E M U S G U R
```

AITI	MADRE	MOEDER
AMMEE	MAE	MOR
ANA	MAJKA	MUTER
ANNE	MAKUAHINE	MUTTER
EMA	MANMAN	NENE
HAHA	MARE	NIAM
IBU	MATHAIR	NYOKAP
INA	MITERA	UMAMA

```
E G C H I K E G G C C S A W D
V Z O D S T T X N A A L D S E
I R P Y I I E N T I L E U N T
S K I B F U V E A E M O O N C
S N O I G E L A M P N R R T I
A B U N D A N T L I M S A E R
M C S S G R L O M O N A I W T
A A C U E A Y U U S K G R V S
I P H O R U L S E G N Y F T E
W A I E Y O S R I E H D L S R
R C B T V M G N I R E W O T N
V I Q N S U O I D O M M O C U
L O V E R F L O W I N G D I A
S U P L E T H O R I C M S H N
G S S P B G N I T N I T S N U
```

ABUNDANT   GALORE   RAMPANT

CAPACIOUS   LAVISH   ROOMY

COMMODIOUS   LEGION   SWARMING

COPIOUS   LIBERAL   TEEMING

ENORMOUS   MASSIVE   TOWERING

ENOUGH   OVERFLOWING   UNRESTRICTED

EXTENSIVE   PLENTEOUS   UNSTINTING

FLOODS   PLETHORIC   VOLUMINOUS

```
C E R A D E T I R E U G R A M
V L A V E N D E R S E N N A L
T C O I Z J U N I S T R A M M
E E K V N P R U F O R M O S K
O S L E E N L E R R O S O M E
R N O O H R I V E V I L O Y A
L S H R I M Y Z I L H A N R I
E F E S M V W L L O Q U A T L
Y S N A P I Y Y E E L A D L O
N E D O L A R S U C R A I E N
O V H L I A H P N F I U V L G
Y J O C M A I L H A D C A C A
R W W A H Y A C I N T H D L M
B E N I M S A J V Y Y P P O P
K Y C O L U M B I N E C L E N
```

AMARYLLIS	JASMINE	POPPY
BRYONY	LAUREL	PRIMROSE
CICELY	LAVENDER	SORREL
CLOVER	MAGNOLIA	TANSY
COLUMBINE	MARGUERITE	VIOLA
DAHLIA	MYRTLE	VIOLET
DAVIDA	OLIVE	WILLOW
HYACINTH	PANSY	ZINNIA

Grasses

```
L I A T S T A C N M F M S G I
V R M I B F U F O R I L T E D
E K E M N N F O D L O U A A Y
R E Q O H A R F L S S C O P B
N U U T R T A E H W K C U B A
A C A H Q Z T X I M S B T U R
L S K Y A K X T K B C O M R L
K E I Y S V C S L Q N F A I E
M F N M F H O U O K H T I U Y
X V G D P O E R G R T R Z I G
D R A E B G N Y Z A G Z E U X
T Z X M R J P P N O C H D A N
N Q A A O Z F A Y B A M U V O
E B S U M P W P X G N O T M H
B S N V E Z W O D A E M T Z N
```

BAMBOO	CAT'S TAIL	OATS
BARLEY	CORN	PAPYRUS
BEARD	FESCUE	QUAKING
BENT	KNOT	RATTAN
BLUEGRASS	MAIZE	SORGHUM
BROME	MEADOW	SWITCH
BUCKWHEAT	MILLET	TIMOTHY
CANE	MOOR	VERNAL

```
C N O I T O S E S D H F K A R
C A F F S O S I C R A T E S S
B A R O S U N I M E G J J A E
O I G Y H D O I S E H U T U T
N R X V S O S E Z S P V L K A
S S E H I T R H L E J E U H R
A A E C A R I A O O I N C F C
B G E D I M G U C M B A I Z O
G A U X I C Y I S E E L A Y S
P T O H P P A S L Z I R N A Y
L H W S U L I H P I D I I J Q
A I H C U R A R A V L N E D B
T A C I T U S O U P I N D A R
O S Z C N I A P W E S E S O M
E P I C U R U S D O V B D D J
```

AGATHIAS	HESIOD	PLINY
CARYSTIUS	HOMER	SAPPHO
CICERO	HORACE	SOCRATES
DEINIAS	JUVENAL	SOSICRATES
DIPHILUS	LUCIAN	SOTION
EPICURUS	MOSES	TACITUS
EURIPIDES	PINDAR	VARARUCHI
GEMINUS	PLATO	VIRGIL

```
B G N I N I H S M T M T Z L Z
T P S E D P E R F E C T V U R
D E T R Y T S U R T N G L F A
E U N S E L F I S H S N G H L
S H J J H C T I L O E I E T U
S Y H T R O W M Y O C S N I C
A C J U R M B L K I V A I A A
P Y B I O M N E L I I E A F T
R B O M C E S L D L C L L Q C
U U W E V N Y U L I L P G Y E
S E A A J D A I P F E P E L P
N R E H I A R F V R V N N D S
U H A E L B A I M A E V T N B
S P A R K L I N G E R M L I L
M A J S S E L R E E P D E K E
```

AMIABLE	IDYLLIC	SHINING
BRILLIANT	KINDLY	SPARKLING
CLEVER	LOVELY	SPECTACULAR
COMMENDABLE	MERITORIOUS	SUPREME
FAITHFUL	OBEDIENT	TRUSTY
GENIAL	PEERLESS	UNSELFISH
GENTLE	PERFECT	UNSURPASSED
HEAVENLY	PLEASING	WORTHY

I am sure that if the mothers of various nations could meet, there would be no more wars.

E.M. Forster

People

```
I E K N E M Y R T N U O C A P
R E S I D E N T S I F L L R U
S E E L T W Y T E I C P S A Y
M L C B A H E Y C V U E F N T
A S A E S U A L O B J K Y K E
T L L T S T D N L R S K L A I
L A U H R J N I D E G E I N C
S N P U E O C A V K R M M D O
N O O M H S M S P I I S A F S
E I P A T Y R T A U D N F I L
Z T S N O S R E P D C N Z L A
I A D S R I Z O T S U C I E C
T N R D B Q Y D H S K L O F O
I Y S E V I T A N M I H T C L
C T U M S G N I E B A S Y S E
```

ADULTS	HUMANS	PERSONS
BEINGS	INDIVIDUALS	POPULACE
BROTHERS	KITH AND KIN	PUBLIC
CITIZENS	LOCALS	RANK AND FILE
COUNTRYMEN	MORTALS	RESIDENTS
DWELLERS	NATIONALS	SISTERS
FAMILY	NATIVES	SOCIETY
FOLKS	OCCUPANTS	TRIBE

```
D E S I V O R P M I F E L S H
S E R A N A T A Z U D D H M E
R O L L I N S Z W I Y R A A K
T E H C E B A N A E H A Z E C
Y K P M T J O P L I G G B R E
A R G M T I O R L W R T R T B
W E T O S B E M E N O N U S R
O K H U T D R S R E O A B N E
L R F S D O T E Y Y V V E I D
L A O A F C H N M E E A C A I
A P I E O E R E R I K S K M E
C C E A K E O S R E T A R E B
N R S U B F E I T M D G L O M
F T O M H C T A S B A O A B D
P M S N A E L R O W E N M R A
```

ADDERLEY	FREE-FORM	NEW ORLEANS
AVANT-GARDE	FUSION	PARKER
BECHET	GROOVE	POST-BOP
BEIDERBECKE	HERMAN	RAGTIME
BLAKEY	HOT JAZZ	ROLLINS
BRUBECK	IMPROVISED	SATCHMO
CALLOWAY	MAINSTREAM	WALLER
DORSEY	MODERN	WEST COAST

Music Lesson

```
S Q U E R U T S O P R A D R W
S B P I T C H Y V R C R R W A
E T T C H H V N O A O R A T L
V A G O D I N C E C S A O W S
A C R K V O K O C T E N B O T
T D E A I D T P N I L G R S E
S J C S D A O A C C A E E T L
A E N O T R N T C E C M G E B
T E E E S I A I T C S E N P E
T U M J M H Q O U E A N I A R
F P P O E U A N B W D T F E T
O P D T A P Z R J T A N S C A
K Z I V I B T U P C E L O A U
T U E B A S S C L E F R T T J
S R G P O T A B U R S L F Z E
```

ARRANGEMENT	POSTURE	SUITE
BASS CLEF	PRACTICE	SYNCOPATION
CHORDS	QUAVER	TEMPO
DOMINANT	RUBATO	TENSION
DOTTED NOTE	SCALES	TREBLE
FINGERBOARD	SHARP	TWO-STEP
FRETBOARD	STACCATO	VIVACE
PITCH	STAVES	WALTZ

```
N H J E M L W R N O E M O C E
C C A C L F F O T E S R T P G
P N U U P I W U E K L F P U N
C U E D P I O N E E R O U G U
I A A N E B I N C I T E R N L
N L O I A N M N E N B E E I P
T M S T R I K E U P F O R R N
R R E C I E H T K A E R B P O
O S I F C F T J N K W H N S N
D N E G I Y R C T O R L T N R
U M L N G Q I R I N U A N L U
C R E A T E B O O M R T B P T
E Z S A S E R P M T K V S M R
H V M E T A R U G U A N I E E
E M E R G E N P V N A T D B T
```

BIRTH	ERUPT	PLUNGE
BREAK THE ICE	INAUGURATE	SET ABOUT
COME ON	INCITE	SET OFF
CREATE	INDUCE	SPRING UP
CROP UP	INTRODUCE	START
EMBARK	LAUNCH	STRIKE UP
EMERGE	OUTSET	TRIGGER
ENTER	PIONEER	TURN ON

```
E O S R E V A E L E H T I N I
N K C E M E D I V I D B E A B
S N T A L O C O H C K M V V I
L I L I T H S B R O O D C S G
S H J A E S O L E W T A H W L
L C S T H G I N E U L B K H I
U A D E E B E L T T I L L R T
C P E G S H T N O M E N I N T
K A V J Y T H E N E E D M A L
Y U O K I A S P R I N G T M E
B C L L N S W A L U A P O E L
O R E T H G U A D R U O H R I
Y G B N L O L E M A R A C C E
W H I T E O L E A N D E R Y S
J T G D L I H C Y L N O H G N
```

A MERCY	DIVIDE ME	PACHINKO
AWAY	HOT MILK	PAULA
BELOVED	LILITH'S BROOD	ROOM
BIG LITTLE LIES	LITTLE BEE	SPRING
BLUE NIGHTS	LITTLE WOMEN	THE LEAVERS
CARAMELO	LUCKY BOY	THE NEED
CHOCOLAT	NINE MONTHS	WHAT WE LOSE
DAUGHTER	ONLY CHILD	WHITE OLEANDER

Rivers of the World

```
S E D A L E T O R R E S A L V
E R M O V G R E E N M S N E A
F H I J L U R E R N O C I Y Q
S R N E O O H E P M O N W C M
E F A D G D H U M N D H M U N
P W T S P A M E G U I I R O I
S B A P E D M O S T S R Z S A
N R E L A R O B E S A A T O G
W O E N U O H R I Y M Y I V A
E P U D I T E S D A Q U G H R
V B E A N G S H J O U P R H A
E S A O N I E I A H G C I V A
S D V A P E L R V V E N S A E
B M R P L E N F B H E A E T T
T O I M O E K I D N O L K A E
```

AMAZON	GREEN	NIGER
CONGO	HAVEL	ORANGE
DANUBE	INDUS	RHINE
DORDOGNE	KLONDIKE	RHONE
DOURO	LOIRE	SOMME
FLINDERS	MISSISSIPPI	TIGRIS
FRASER	MURRAY	VISTULA
GAMBIA	NIAGARA	WHITE

Gemstones

```
J E E T I R D N A X E L A K M
S A R D O N Y X D L A R E M E
P C X U O E R Z T R A U Q S E
E V H M H T S A V O L I T E T
R Z A A B J A C I N T H N T I
I I T L L K O C A E Y O R I N
D R S A E C L L E P T D T N E
O C Y C N C E C I S O E I A D
T O H H E T L D N V N L E T D
L N T I H E C O O R I N I I I
E A E T P R O I A N T N P T H
N U M E S M Q G U L Y O E T E
I R A B A E T I Z N U K F E R
P P Y D E R E R I H P P A S A
S V T O U R M A L I N E O M P
```

ALEXANDRITE	JACINTH	SARDONYX
AMBER	KUNZITE	SCAPOLITE
AMETHYST	MALACHITE	SPHENE
CHALCEDONY	MOONSTONE	SPINEL
DIAMOND	OLIVINE	TITANITE
EMERALD	PERIDOT	TOURMALINE
GARNET	QUARTZ	TSAVOLITE
HIDDENITE	SAPPHIRE	ZIRCON

Harvest Time

```
I  O  T  I  Y  O  L  K  S  R  A  E  P  A  S
D  D  L  P  Y  S  O  U  J  Q  Y  S  J  Q  V
O  R  P  S  B  K  C  W  F  R  G  A  O  S  U
H  O  Q  M  I  Y  A  G  A  K  B  E  X  B  M
P  U  E  H  T  I  T  B  U  S  N  P  U  R  K
Q  J  S  K  N  Q  U  K  V  S  E  A  P  E  F
U  R  X  K  X  N  W  X  S  T  D  V  H  H  A
G  X  B  S  D  Q  C  M  P  U  M  L  A  T  N
N  S  T  A  O  H  U  C  D  N  S  R  E  O  I
I  A  N  A  A  L  S  T  L  E  H  E  F  I  L
N  C  Q  F  P  N  L  Y  L  O  Q  P  V  F  F
E  K  F  J  O  E  O  P  P  T  Y  P  R  F  S
P  S  B  I  Y  L  P  S  P  G  U  U  R  D  F
I  G  N  I  K  A  M  Y  A  H  I  S  O  W  N
R  O  Y  A  P  U  P  P  Y  T  F  P  B  G  A
```

ABUNDANCE	HUSK	POPPY
APPLES	LOAVES	RIPENING
CHAFF	NUTS	RYE
FIELDS	ONIONS	SACKS
FRUIT	PEARS	SUPPER
HAYMAKING	PEAS	THANKFUL
HERBS	PLUMS	TITHE
HOPS	PODS	WAIN

```
S  L  R  E  M  O  R  S  E  R  C  A  R  I  N
S  L  E  G  V  E  R  E  T  E  J  E  L  A  G
E  I  G  G  N  O  D  I  S  G  U  S  T  S  B
N  R  O  N  T  O  L  Z  S  N  K  C  O  H  S
I  H  E  A  I  Z  I  D  E  A  Y  E  S  N  M
P  T  I  F  Y  H  P  S  N  A  E  U  S  O  K
P  Y  E  U  D  A  T  D  S  U  T  T  E  I  Y
A  Y  T  R  N  E  Z  A  U  E  P  V  N  T  W
H  E  I  I  G  V  B  E  O  G  R  P  I  O  M
A  A  C  W  L  E  M  R  R  L  I  P  L  V  O
T  R  V  K  N  I  R  D  O  W  D  L  E  E  D
R  N  G  U  I  L  T  A  M  R  E  R  N  D  E
E  I  E  B  E  Y  T  S  A  A  U  A  O  T  R
D  N  I  D  K  J  R  B  O  T  Q  E  L  E  O
H  G  U  M  I  A  B  E  L  H  Y  F  P  F  B
```

AMOROUSNESS	GUILT	PITY
ANGER	HAPPINESS	PRIDE
BOREDOM	HATRED	REGRET
DEPRESSION	HOSTILITY	REMORSE
DEVOTION	LOATHING	SHOCK
DISGUST	LONELINESS	THRILL
DREAD	LOVE	WRATH
FEAR	PANIC	YEARNING

```
N E O W R L N N E D L A M N E
O S A A E N O T S N H O J A L
T A K O T A W I A A R U A M E
N D U R S Y I A E T A I A R I
A N P U A S A S H O N S H U O
K M A R E S T W V O S T O K S
P D K U Q A E K D G W A S H K
A A U M R N M E D I I H I A U
L I P B V U L O N H M U L W H
A G U A D A L U P E G A L X S
U C B N C F N A S A E T A A U
K M C W E I C U D M G A W A Y
R B E Z V A N O A C Y U I H K
L N L A I U N N W T Z M A S E
S E K S T I O J N P U L A M N
```

DUCIE	KYUSHU	PUKAPUKA
EASTER	MALDEN	RAIATEA
GUADALUPE	MIDWAY	SERAM
GUAM	MURUROA	STARBUCK
HONSHU	NAURU	TAHUATA
JOHNSTON	NEW CALEDONIA	VANUATU
KALAEMANO	NUNIVAK	VOSTOK
KANTON	PALAU	WALLIS

```
V K P L P D I I I L T L S N C
N A S P D R U O L H L C V L J
H H E A C B V A T E F Y W A W
H D L S H K H I V W I B G S I
S T R E E P F B G B R G B T L
U E U C P F Y A R D E I H E L
S U W G I V S E K R R B G P I
I U M R U I N G L E T I J H S
W I G T T N D D H S O R T E T
O P A R A D I S M O E U E N R
R N U D L E I I M A T R G S E
T C R C V F T S Y P O P P H M
L B U E L H W A D O E L V P M
A O G V D F E N M L F N I B U
P H E U N O S N H O J A N W G
```

DANNER	LADD	PRESLEY
PALTROW	DERN	KEOUGH
FISHER	LEIGH	SMITH
LOURD	CURTIS	STEPHENS
GRIFFITH	MOORE	STREEP
JOHNSON	WILLIS	GUMMER
HALL	PARADIS	WRIGHT
JAGGER	DEPP	PENN

Rhyming Words

```
E M I T E M I R P E R I Q L Y
H B H Y H M C E S T E T L A Y
T O E L S J U L T I H A D D D
Y Y Y R A G E R B A M Y A B D
Z E D U O E R E D L A E D H U
R K A B P C E A L M T U O A D
R O Y Y C R S A N S U T C Q Y
O C P L F P P R D D C H Y N D
L Y N R S B I E U H S A M I D
Y E F U O B B C P O D T R A U
P K Q H O T O O N Y F O A T F
O O D O O V T A A I A R W N E
L H H S U C O P S U C O H I D
Y O D C H E A T S H E E T A L
O L W W O B M U J O B M U M M
```

BEDSTEAD	HOCUS-POCUS	PALL MALL
BOOHOO	HOKEY-COKEY	PAYDAY
CHEAT SHEET	HOTCHPOTCH	PICNIC
FOURSCORE	HUMDRUM	PRIME-TIME
FREEBIE	HURLY-BURLY	ROLY-POLY
FUDDY-DUDDY	MAINTAIN	SLEEPY
GRANDSTAND	MAYDAY	TORPOR
HEYDAY	MUMBO JUMBO	VOODOO

Costume Party

```
E E H S N A B E R F C D U W H
I Q T E H I P P I E I S O L F
G M S S S B D R N A W R H C A
R T O B O R E T G C C T S E L
I E H W P M U Z C E U H N Y L
M D G J A R K N R S N G A Y I
R D Y N I R W A J U O I M M R
E Y D O N A C I E A J N E M O
A B N R B S C J T L W K V U G
P E U Y A H E S J C I C A M L
E A P E O Z A B K A H O C Y F
R R F A N B I R P T J P M A P
K W E T I H W W O N S S I R D
M N N W O L C O A A T R X X Q
N O T E L E K S C S Y M U M J
```

BANSHEE	GHOST	ROBOT
CAVEMAN	GORILLA	SANTA CLAUS
CENTURION	GRIM REAPER	SCARECROW
CLOWN	HIPPIE	SKELETON
COWBOY	KNIGHT	SNOW WHITE
FAIRY	MR SPOCK	TEDDY BEAR
FIREMAN	MUMMY	WITCH
GENIE	NURSE	WIZARD

Authors

```
S E L R E V E I R A T V Y H G
S N R U B N Q E M P R G K B G
J E S N Y L S I F E E R R C D
E E N Y T N A L L A B L O V R
R Y I A E Z I S P S L E G H A
O H I P H G E E A P I W R J G
M T S G Z P Z O I G G I I Y G
E R S P H Z O P N Z A S M E A
E O P N O R E T E T N N M L H
L W Z A A T T Y S K E G P H R
Y S S V I V I H K I I A Z C E
L L C H A T E A U B R I A N D
R A W M A Y Y A H K R A R E I
A G N I K S U R E H A Y O B R
C H E K H O V R C Z B Y A J E
```

ARISTOPHANES	CHEKHOV	LEWIS
BALLANTYNE	EVANS	PAINE
BARRIE	GALSWORTHY	PARKER
BENCHLEY	GILBERT	RIDER HAGGARD
BURNS	GORKY	RUSKIN
BYRNE	GRIMM	SAGAN
CARLYLE	JEROME	SPENSER
CHATEAUBRIAND	KHAYYAM	WHITE

Geographical Features

```
P  A  C  V  H  M  Y  R  T  S  T  E  P  P  E
I  I  G  T  J  D  E  F  R  I  N  O  B  U  W
G  K  G  B  I  I  A  T  I  M  I  G  B  S  P
N  W  K  J  C  E  U  L  B  A  S  A  C  W  B
I  F  U  A  Y  N  E  T  U  R  L  L  W  A  M
R  E  L  D  D  I  E  K  T  S  A  E  F  M  A
P  G  N  R  R  G  N  G  A  H  N  P  H  P  E
S  O  A  I  K  O  O  V  R  S  D  I  P  A  R
W  V  A  K  V  E  N  D  Y  O  G  H  N  S  T
M  R  R  J  W  A  K  A  E  Y  G  C  H  E  S
P  T  N  E  M  P  R  A  C  S  E  R  Y  G  P
A  B  L  L  V  L  L  A  H  L  E  A  B  D  V
E  R  U  S  S  I  F  H  S  H  O  R  E  E  S
K  K  L  L  A  F  R  E  T  A  W  V  T  L  M
N  Y  Q  O  S  Q  N  I  A  T  N  U  O  M  H
```

ARCHIPELAGO	MARSH	SPRING
DESERT	MOUNTAIN	STEPPE
ESCARPMENT	PENINSULA	STREAM
FISSURE	PRAIRIE	SWAMP
GLACIER	RAPIDS	TRIBUTARY
GORGE	RAVINE	TUNDRA
ISLAND	RIVER	VOLCANO
LEDGE	SHORE	WATERFALL

If I have done anything
in life worth attention,
I feel sure that I
inherited the disposition
from my mother.

Booker T. Washington

Amusing

```
K G N I T R O P S T E B P J Y
G N I K C I L O R F A R L A L
S B V H G J O C U L A R A G E
S E G S F N S E M E R R Y N V
U G N I L L I R H T S G I I I
O U I G C H A R M I N G N B L
I I T G W K E U E I B N G R A
T L R A P G N N N E F E D O U
E I E W A G O E G K H M E S G
C N V L I L V Y I A V C H B H
A G I G N I S S O R G N E A A
F N D F L O C C U P Y I N G B
G N I N I A T R E T N E N J L
P L E A G N I S A E L P Z G E
L U F H T R I M L A C I M O C
```

ABSORBING	ENLIVENING	MIRTHFUL
BEGUILING	ENTERTAINING	OCCUPYING
CHARMING	FACETIOUS	PLAYING
CHEERING	FROLICKING	PLEASING
COMICAL	JOCULAR	REGALING
DIVERTING	LAUGHABLE	SPORTING
ENGAGING	LIVELY	THRILLING
ENGROSSING	MERRY	WAGGISH

Tropical Fish

```
U S I S N E B I R K E R M S A
C N A R T E T N O E N U I R H
A K S N A D U C A R R A B C I
P R U I C E N O N E M E L W B
D P C U S I E D V E Z O Y L A
E U S Q N J Z E S D W P A S R
R F I E E U S E E N P C B W O
A F D L E L F R L U K I R O B
S E C R R I Y O G M I M A R S
O R H A G E A L O G P A B D A
T P Y H T C P L E C O R Y T R
N S T T H F L L P T R U S A I
O E Q M A Y I C C L E O O I A
R F U I Z L P S A R M G R L E
F O S C A R P Y H W I L Z L I
```

BARRACUDA	GUPPY	PUFFER
BLACK MOLLY	HARLEQUIN	RASBORA
CATFISH	JULIE	RED PACU
CLOWN LOACH	KRIBENSIS	RED ZEBRA
DISCUS	NEON TETRA	ROSY BARB
FRONTOSA	OSCAR	SEVERUM
GOURAMI	PLATY	SIAMESE FIGHTER
GREEN SCAT	PLECO	SWORDTAIL

Picnic Hamper

```
K O B S R R O H S T A M P E N
Y D H E C S E B T U S I A M E
T H T K R L I P U O C I N A K
K A J A E W I L M K L F O Y C
W R P C V O R L L A V C U O I
E D E Q J B E E D F H M E N H
R B P M S F S A B E O K H N N
C O P C H E E S E M A R O A E
S I E S E R O F B A U R K I K
K L R S B G F T O A P C A S C
R E S E E O N S A Q N P U E I
O D A P C U P A P M L A L C H
C E L P F O S H R A O L N E C
L G A A O B E R T O V T E A S
O G D N Y U A E T A G E S E S
```

APPLES

BANANAS

BOWLS

BREAD

CAKES

CHEESE

CHICKEN

CLOTH

COFFEE

CORKSCREW

CUCUMBER

FORKS

GATEAU

HAMPER

HARD-BOILED
EGG

MAYONNAISE

ORANGE

PEPPER

PICKLES

PLATE

SALAD

SPOON

TOMATOES

WATER

Birthday Party

```
P  R  E  T  H  G  U  A  L  I  S  A  E  A  U
N  R  E  R  A  S  E  M  K  G  A  M  A  A  S
S  E  T  A  L  P  A  K  N  S  E  N  G  S  N
H  A  P  P  Y  R  N  O  K  S  U  O  G  U  O
G  K  Q  S  Q  L  S  U  R  P  R  I  S  E  I
L  A  P  U  E  C  I  E  M  E  H  T  I  S  T
A  J  E  T  L  M  S  M  R  L  S  A  C  K  A
S  E  U  O  J  D  A  M  A  E  T  T  E  N  R
S  T  W  K  N  C  U  G  U  F  E  I  C  A  O
E  N  F  E  V  S  A  G  I  U  R  V  R  P  C
S  S  I  I  I  G  E  N  G  O  N  N  E  K  E
N  R  F  C  G  D  S  Z  D  E  G  I  A  I  D
F  E  S  E  H  S  I  W  E  L  A  E  M  N  L
W  E  N  T  E  R  T  A  I  N  E  R  W  S  S
H  C  E  E  P  S  A  S  T  N  E  S  E  R  P
```

CANDLES	GLASSES	NAPKINS
CLOWN	GUESTS	PLATES
DECORATIONS	HAPPY	PRESENTS
ENTERTAINER	ICE CREAM	SONGS
FAMILY	INVITATION	SPEECH
FRIENDS	LAUGHTER	SURPRISE
GAMES	MARQUEE	THEME
GIFTS	MUSIC	WISHES

Mothers in Their Art

```
L P W D M J L T T A S S A C Y
Y I A S I O E G R U O B S C G
W G T C H F R E M I N G I O R
H N J R H M P L E N M A R C O
W C A U W A A L G E J K G E C
C W N J A W G W N R Y F N L K
H R B U R M F A A N C H E R W
U S B E M L H D L E O B J E E
T E N A M F U G Y L R S K T L
R C A G F E I Y O U J H R N L
E E I F R A E R N G N E G I U
J W R F R E M B R A N D T M N
W G A U G U I N G O L A N M O
G I R I D F B W I O U K V B D
J F R A Z I E R Y E N K C O H
```

BOURGEOIS	GORKY	MINTER
CASSATT	GRIS	MUNCH
CHAGALL	HOCKNEY	REMBRANDT
DURER	LANGE	RENI
EMIN	LAWRENCE	RENOIR
FRAZIER	LE BRUN	ROCKWELL
FREUD	MANET	VAN GOGH
GAUGUIN	MARC	WARHOL

```
O Y L I L A N N O D A M V G Z
Y E E R E S T I N E P Q I N E
E E G R B G A R L I C N O C L
L I R A T I F Y L R G R L O I
S R O F V A K S N E F W E R M
R E X T M O W M R F G W T I O
A G E I W O L L A M H S R A M
P I Y H C K C S U N D E W N A
Y N E T N N O I L E D N A D H
R S D E Q H A L H B L R D E C
O E A O G K N I G E S P A R E
R N I A M A B J R L C E R K E
R G S J Q Y R R E B N A R C E
I N Y I M J O O H E M L O C K
S E Y M A S L A B A L S E M V
```

BALSAM	GARLIC	MARSH-MALLOW
BORAGE	GINGER	ORRIS
CHAMOMILE	GINKGO	OX-EYE DAISY
COMFREY	GINSENG	PARSLEY
CORIANDER	HEMLOCK	SAFFRON
COWSLIP	LOVAGE	SORREL
CRANBERRY	MADONNA LILY	SUNDEW
DANDELION	MANDRAKE	VIOLET

Fruits

```
Y Q A Y N P L Q C A O E N X G
G O U N Y M U D J V G O N M Q
R L L I H C A E P A L U U L C
F O R E N Y Y R G E G L I E E
Y G I F G C U N M L P M A Z N
N A A E M N E B I N E C W V I
F N C J E E A K H O T O P O T
F B K W R N O T U M A V S I N
C E H G A F A Z Q M D H U J E
X R N N M D M T G I Q R E V M
A R A A E F U R D S F U I Z E
H Y N B D F S X A R Y L A E L
N G B N L K T C A E O I K T C
O E E X A F A T T P P A G Z Z
V Q O H R T S I W I K W M W Z
```

AKEE	LIME	PERSIMMON
BANANA	LOGANBERRY	PLUM
CLEMENTINE	MANGO	PRUNE
DATE	MEDLAR	QUINCE
FIG	MELON	SATSUMA
GREENGAGE	OLIVE	STAR FRUIT
KIWI	PEACH	TANGELO
KUMQUAT	PEAR	UGLI

```
Y T R G R L E I S U R E U S E
N H E I Y E M R O M A N C E L
W E V P N F M S U M K X H S J
A C L E G A O E J T J M Y S M
W L I H N L U E M E A A P E U
W O S T I H P J R B N N E R R
O U N T G E T U N N E F R P S
L D U U N G S H H O H R I Y L
V D O K O A I Y E W D E O C I
E L R Z L P D Q D T L D N C D
S T H E H I G H W A Y M A N O
S I M M A Z E P P A L G Y T F
V S Q H L M Z W V S I A E V F
T E R C E S S E V O L P O R A
A B R E T H E R A V E N M T D
```

CYPRESSES	LOVE'S SECRET	SOLITUDE
DAFFODILS	MANFRED	THE CLOUD
DON JUAN	MAZEPPA	THE HIGHWAYMAN
DREAMS	NATURE	THE PIG
HYPERION	REMEMBER	THE RAVEN
JERUSALEM	ROMANCE	THE TYGER
LEISURE	SILVER	TO A LADY
LONGING	SLOUGH	WOLVES

Herbs

```
P D E G A R O B G M E F O I U
O C H I C O R Y A L A M A B G
S S F U H A L F R E F A Y E M
S Y E T I O R M L A M R A H L
Y B N D V E R Y I Y M C U E T
H C U A E Y A S C E I E M F L
T H G N S B R A E N R O S E L
O E R D D T M O R R N S R O L
M R E E T O K A V B A R W E R
A V E L M N D F A A O D N W B
G I K I A A I L V S S N I D E
R L L O L G M M G H E O D S S
E E E N M E F P T F D I R M H
B S O R E R E D N A I R O C M
E M A R J O R A M H C I W Y O
```

ARNICA	CHIVES	LEMON BALM
BAY LEAF	CORIANDER	LOVAGE
BERGAMOT	DANDELION	MARJORAM
BORAGE	FENNEL	OREGANO
CAMOMILE	FENUGREEK	ROSEMARY
CATMINT	GARLIC	SAVORY
CHERVIL	HORSERADISH	SORREL
CHICORY	HYSSOP	THYME

Astrology

```
I  F  H  S  U  I  R  A  T  T  I  G  A  S  W
N  T  O  C  D  R  E  C  N  A  C  E  I  K  L
I  C  R  A  R  P  B  E  E  X  D  O  L  N  E
M  S  A  L  U  Y  M  E  S  X  P  T  I  Q  E
E  W  S  E  D  E  A  R  U  P  R  G  O  R  H
G  Z  C  S  L  R  S  L  O  A  R  L  N  P  W
A  J  O  E  C  C  X  S  H  I  S  I  R  I  A
S  O  P  H  O  H  I  C  V  U  R  K  O  E  D
T  G  E  R  P  T  T  N  I  E  B  S  C  Z  S
A  R  P  M  I  L  A  R  A  N  T  L  I  Q  A
K  I  R  O  X  G  A  D  A  A  A  E  R  G  R
O  V  N  A  B  U  I  N  R  E  U  O  P  M  B
P  N  E  F  Q  N  G  S  E  I  R  A  A  E  I
K  R  C  A  G  K  V  A  W  T  U  R  C  M  L
E  P  O  C  S  O  R  O  H  O  S  F  O  L  D
```

AQUARIUS	GEMINI	SAGITTARIUS
ARCHER	HOROSCOPE	SCALES
ARIES	HOUSE	SCORPIO
CANCER	LIBRA	STARS
CAPRICORN	OPPOSITION	TAURUS
CHART	PLANETS	VIRGIN
EARTH	RAM	VIRGO
ELEMENT	READING	WHEEL

Varieties of Pea

```
C E Y P B Y K M L H A M A N K
E I E Z A F N V A G U M R U N
A M T C K I P T A I N A A A R
N Q D A F N O A M D T E T R E
A S N B D D A E Y Y I S I E T
K P I P N E R R Y D N T V D N
R R W A O P L T S R J R O A U
A I W T G D S E U A H O N E H
M N O L E I T L D W L L G T P
U G N L E W I P A N N E I S L
G F S F I F U I R O N D A E A
R E G N W I R R G T U T Z M N
Y G K R C N C T R G U K T O C
A L A S K A E Y F R V D Z H E
E G A L L I R D N E T R S L T
```

ALASKA	LANCET	SNOW WIND
CITADEL	MAESTRO	SPRING
DELSEY	MARKANA	TENDRILLA
FEISTY	ONWARD	TRIPLE TREAT
GENTRY	PREMIUM	TWINKLE
GRADUS	RECRUIT	VADITO
HOMESTEADER	SATURN	VITARA
HUNTER	SIENNA	WANDO

```
E  N  I  L  D  L  R  O  W  W  E  N  A  E  L
O  F  G  R  E  A  T  C  M  A  J  O  R  E  P
E  C  G  N  A  C  I  O  R  E  I  W  F  E  A
C  V  S  O  I  P  N  C  M  T  U  A  K  S  R
I  W  U  L  T  R  A  A  F  U  R  P  N  I
T  E  M  E  Z  H  P  L  T  S  T  A  H  K  S
P  A  M  N  L  Q  I  S  T  I  G  O  H  C  E
Y  P  I  A  T  A  C  C  P  A  T  K  C  E  C
L  L  X  P  N  I  L  O  N  D  O  N  E  L  X
A  E  W  J  G  F  N  E  H  E  H  T  O  T  Y
C  R  A  A  C  S  R  H  B  E  N  C  X  I  M
O  E  R  R  H  R  R  E  N  A  K  B  I  C  M
P  T  N  R  S  D  H  A  D  W  E  S  T  A  M
A  N  O  I  T  A  M  R  O  F  E  R  E  N  G
C  I  N  O  V  A  L  S  E  I  M  S  H  O  D
```

APOCALYPTIC	GOTHIC	PARIS
ASRAEL	GREAT C MAJOR	REFORMATION
CELTIC	ITALIAN	SEA
CLOCK	LINZ	SLAVONIC
DANTE	LONDON	SPRING
ECHO	MANFRED	THE HEN
EROICA	NEW WORLD	TITAN
FAUST	PAGAN	TRAGIC

Summer

```
N P H L J Z E D I S A E S A P
I R Q I U X C P O L A N S O M
A O O H N R U I U W U L S I R
H N F S E I J R X J A T A E S
C G S G E S U T R P C Y W D A
Y E A S G S Z Y L A L O Q C N
S L V R N U E A R U M B L V D
I N Y G I R Y D J N E P O T N
A K J H N F S J W A U V S V A
D T E N N I S A C M U Q A U T
T A C O A N L H C S H O R T S
T T N E T G N T S U G U A G D
P B A D X N V X N B Z N P U N
T B Y A C I Y B T R O P R I A
S P S A W M J X O S Y C J I B
```

AIRPORT	JUNE	SAND
AUGUST	LAGER	SEASIDE
BANDSTAND	LAWNMOWER	SHORTS
BEACH	PARASOL	SURFING
DAISY CHAIN	PLAY	TANNING
DAY TRIP	POSTCARD	TENNIS
HEAT	ROSES	TENT
JULY	SALAD	WASPS

Abide With Me

```
E O S I T N A T S N O C T F S
G T J K T O C C F U L S C U T
D R R Q J Y C H F O I N S D A
O W S P R Z E X U S S T R B N
L X E R A S P H R R A S X B D
V E A L V X T E K I M A D O F
K T N L O Q P T N L P L M E O
S X S R G L I V E O N L E R R
T B I E U V Y O K Y H L C U S
I Q U B R O O K A T T E N D U
C L L E W D J W G T Y D X N R
K Y E V D B A O E W N I M E V
O A L F P I E S S P N S L W I
U T J X T N I A M E R E Q W V
T S A M U Q W O R B O R S R E
```

ACCEPT	KEEP	SETTLE
ATTEND	LAST	SOJOURN
AWAIT	LIVE ON	STAND FOR
BEAR	LODGE	STAY
BROOK	PERSIST	STICK OUT
CONSTANT	REMAIN	SURVIVE
DWELL	RESIDE	SUSTAIN
ENDURE	REST	TARRY

```
N K R E D A E R S W E N N O K
E R A E Y W E N E T N E W C N
W A T I S N E W M V W I I N E
G F N E W Y O R K M I W G E W
A N E W J E R S E Y S R N W B
T N M N O I R X B N Y E W D O
E E A E N T I O U S W P N E R
L W T W E C W R S T K A D N N
K F S M O A B E O C L P L I N
O O E O E W N N N A L S R L E
O R T O E W I E E N L W O W W
L E W N E A A Z W V W E W E W
W S E N N C W E N A W N W N A
E T N L A E D W E N G E E S V
N R E G N O M S W E N E N N E
```

NEW AGE

NEW BRUNSWICK

NEW DEAL

NEW FOREST

NEW JERSEY

NEW LINE

NEW LOOK

NEW MEXICO

NEW MOON

NEW RIVER

NEW TESTAMENT

NEW TOWN

NEW WAVE

NEW WORLD

NEW YEAR

NEW YORK

NEW ZEALAND

NEWBORN

NEWGATE

NEWNESS

NEWSMONGER

NEWSPAPER

NEWSREADER

NEWTONIAN

Mother is the name
for God in the lips and
hearts of little children.

William Makepeace Thackeray

```
D E R A E S L F T Y T M C E T
R E A T E S I C C O T E H E I
H Y G R A N T N U F R D D C R
M C D N A B A R I T L A S G E
A O T L Z D N G I E L L A E C
L N S A N A E F I O E L Z O A
S T Q E M E I H C R V I L V L
D E C E R C S C U I R O E A P
N S N F A S A A Y P T N P T T
A T B T T U L E B T M R W I S
R R E Q T C N A E T T E S O R
G O T W A C F R D H G L K N I
C P A E I E Y Q Y E Q A V V F
C H V A N S Y E N O M Y N O N
E Y E T M S A R K O L N T I I
```

ACCOLADE	GRANT	OVATION
ASCENDANCY	IN FIRST PLACE	PRIZE
ATTAIN	LAURELS	RELAY
CERTIFICATE	LOTTERY	ROSETTE
CONTEST	MATCH	SHIELD
FINALS	MEDALLION	SUCCESS
FREE GIFT	MEDALS	TOURNAMENT
GRAND SLAM	MONEY	TROPHY

```
T I V D U R E R D E L C V J N
I O R K E R I O N E R M O F I
C T X M U F C S P N G O M J E
U S S E Q N A K I W A A O M T
Q L T N A B A A Y R O G S M S
B E L O R G R Z X F G B B R N
I X T O B E O Y F G W L O E E
Y K W L D Y L Y N H G L D N T
M N H E X R S I A I L Y A R H
Y V I L L W D F Y E L N C U C
N B N J C O X S T F G A M T I
B D A T R L C A Q O U O D H L
S X S G U O N W L G R D J Q C
F E H G U O R O B S N I A G I
W K Y Q D Z B K E E E L K F M
```

BOLOGNA	DUFY	LOWRY
BRAQUE	DURER	MOORE
BROWN	ERNST	MORSE
COLE	GAINSBOROUGH	NASH
DALI	GOYA	RENOIR
DEGAS	GRIS	RODIN
DERAIN	KLEE	TURNER
DONATELLO	LICHTENSTEIN	WEST

```
D I H C N C N L E I U Q A L A
M H H W E W Z G M B T S I H E
R S R A P K R T U T E C D S E
A B A M M B E A H L E P R A W
B C M Z A M N L A C R E A T O
I B O I P N A W L I S R D Y B
N I S S A C D R D O T E U A G
N Y H N H A W E S E G S A R T
O E O S B S O E L K H G Q T U
M D R T R B T Y L A J C X H C
S O T N A S A C I B H O N I S
C N A M N D F D T F M H L U R
Y K A G D W A K U J F I N D B
R E M P T B R S T L Z U R M T
C N I G E B A A U V Y Y B T L
```

ANNAN	GBOWEE	RAMOS-HORTA
ARAFAT	HAMMARSKJOLD	SADAT
BEGIN	HUME	SANTOS
BRANDT	KELLOGG	SATYARTHI
BUNCHE	MANDELA	TRIMBLE
CASSIN	OBAMA	TUTU
CECIL	PERES	WALESA
EBADI	RABIN	YUNUS

```
J  M  J  D  Y  T  R  E  B  H  T  U  C  R  P
V  D  Y  G  A  R  D  E  D  L  O  C  K  A  H
G  O  E  J  G  R  E  T  R  A  C  R  M  K  M
T  O  D  D  N  U  T  T  H  M  M  B  G  S  M
S  W  Y  U  A  J  U  B  S  O  S  J  C  H  A
L  H  S  E  K  M  B  E  R  A  Y  B  S  A  H
E  S  G  E  A  K  J  E  S  U  C  E  O  E  A
V  A  D  R  M  R  L  U  R  V  P  N  N  R  R
E  D  C  Y  R  A  R  W  R  Q  O  N  A  O  G
N  H  P  C  M  T  I  A  L  U  R  E  T  L  H
O  J  O  H  N  S  O  N  M  I  T  T  I  K  R
N  P  H  A  V  I  S  H  A  M  N  Y  K  T  W
B  J  A  M  I  S  O  N  K  B  O  K  K  F  R
M  G  G  Y  B  K  J  U  W  Y  Y  R  R  U  M
A  G  D  F  I  Y  R  U  B  R  E  T  A  W  J
```

AMES	HONEY	MURRY
BENNET	IYAPO	NEVELS
CARTER	JAMISON	PORTNOY
CUTHBERT	JOHNSON	QUIMBY
DASHWOOD	KANGA	RAKSHA
DEDLOCK	LANCASTER	STARK
GRAHAM	MARCH	TODD
HAVISHAM	MOREL	WATERBURY

```
B A R R I P L P E T E R P A N
L L S G E E I B Y A R S T A G
M E U K T H Y E B U D F B O Y
O O Z E C M T A D W S K E R Y
W E R N R O B O A P I O A M A
S G B A U I L R M N I M R P M
N E M L L P V I G D Y P I E N
O E U A H E A C D R N N E D I
W H H D S P O R A L O A F R S
W A T D S L B M W C O R R I T
H N M I E W I T C H D G U G U
I S O N B R B H P U M P K I N
T E T T P R I N C E S S M E C
E L D R F O S T E R O S E A O
D A B N I S H O E M A K E R B
```

ALADDIN	KING COLE	RAPUNZEL
ALI BABA	MARY MARY	RED HEN
DR FOSTER	NUTS IN MAY	RUDOLPH
DWARVES	PETER PAN	SHOEMAKER
GOLDILOCKS	PIED PIPER	SINBAD
GRANDMOTHER	PINOCCHIO	SNOW WHITE
GRETEL	PRINCESS	TOM THUMB
HANSEL	PUMPKIN	WITCH

```
S E D N B M T N J E L B B O G
T J H Y I O E S K O R A V H I
U L R K F K L P A A Y E N O O
F P C U A B C T I E E G T P E
F I R P R T R U D F F N S U M
P H A V E A B I T E N I E P U
G S S E W C J T J E V B J M S
T N E N A D K L S D S O Z E N
N F A P A R T A K E Y K U G O
P L A W W E A Y T U G D N R C
E Z A R G U A R T T C I V O A
W O L L A W S L B H H P D G R
C L T O E L B B I N E M L C E
V K A Y G B S W Z T W O M U N
G E N I D C T S E G N I A X G
```

BINGE	FEAST	INGEST
BOLT	FEED	NIBBLE
CHEW	GNAW	PARTAKE
CONSUME	GOBBLE	PECK AT
DEVOUR	GORGE	PICK
DIGEST	GRAZE	STUFF
DINE	GULP	SWALLOW
FARE	HAVE A BITE	TUCK IN

```
E  I  W  Y  D  N  A  R  B  R  O  W  N  E
W  A  T  S  O  N  F  D  K  L  Z  L  I  R  M
Z  Y  U  M  B  I  L  L  A  N  L  A  E  M  G
R  R  I  G  U  A  S  S  U  G  I  I  O  Y  M
H  E  M  P  E  R  O  R  U  G  C  R  K  I  G
A  T  M  A  M  F  N  L  X  H  O  R  N  Q  N
L  A  O  L  C  O  L  E  E  U  E  N  U  H  I
O  W  L  Y  O  F  T  N  R  I  E  S  T  L  A
K  E  L  E  O  T  B  N  C  H  A  D  U  M  G
U  T  F  S  G  A  R  A  A  V  Y  I  G  M  A
V  I  S  M  C  N  L  H  A  H  S  D  E  I  R
Q  H  B  H  Y  G  A  H  I  K  P  D  L  R  A
A  W  I  R  W  Q  Z  L  T  N  U  G  A  K  C
Y  D  R  O  G  I  T  U  B  L  E  N  C  O  E
S  X  B  R  X  K  E  V  O  C  E  R  O  O  M
```

ANGEL	HAVASU	RHINE
BLENCOE	IGUASSU	RINKA
BOW GLACIER	KRIMML	TOLMER
BRANDYWINE	MINNEHAHA	TUGELA
BROWNE	MOORE COVE	UTIGORD
EMPEROR	NIAGARA	WATSON
GULLFOSS	PHANTOM	WHITEWATER
HALOKU	REICHENBACH	YUMBILLA

Soups

```
T H C S R O B N O F E Y V T Z
P J Y G E D I C A R R E O V Y
E O E B A K A N F E E M G S E
A N K E P R E B L I A M A U L
R I R M R S L E P T C O Q I X
L P U O C U C I O N A S T N W
B P T A S G O N C D I N F N O
A O I J H A G Y A B E O D X N
R I P I Z R Z N R L N C T Y T
L C G A Z A A E L W B A A C O
E R E C R P T K E E I R I V N
Y E U O A S N R C L D E O O L
A S R F B A N T I O S H C T E
E S G O Y E X I P O T A T O H
N I L E G O Z E P L B S T A M
```

AJIACO	CONSOMME	PARSNIP
ASPARAGUS	EZOGELIN	PEARL BARLEY
BACON	FANESCA	POTATO
BORSCHT	GARLIC	PUMPKIN
BROTH	LENTIL	STOCK
CARROT	LOBSTER BISQUE	TOMATO
CELERY		TURKEY
CIOPPINO	OXTAIL	WONTON
	PANADA	

```
S E M C F I D S G E R P D S Y
S T S E B E S S A R G E H Q
D E A I W P N F L O W E R S F
A S S E C C P C U G R S T O D
V E W O S R V H E T W R U G D
S Q U I R R E L S A S N N N D
K P R C N C Q X N T T I U S E
S H T A P G P S E A K O B C L
G P R V W L S N I L R U U I P
S A H I Y J N N A G R U S N O
T H M A S I U W Y H U J H C E
R O U E S T L A S N R A E I P
O H D Y S C L S K C U D S P U
P E P D A P S D N O P R C M S
S E G S E H C N E B W B O U G
```

BENCHES	GRASS	SHRUBS
BUSHES	PATHS	SPORTS
DUCKS	PEOPLE	SQUIRRELS
EXERCISE	PICNIC	SWANS
FENCE	PLAYGROUND	SWINGS
FLOWERS	PONDS	TENNIS
FOUNTAIN	ROSES	TREES
GAMES	SEATS	WALKING

```
L Z J R P J X F S B I B D R Z
E V X D E F I V V J O Z E I A
A N Y L R L L B O D H N C C A
V I B N T L I T Y M X J I K C
T A U E H I M S D H A B B A T
T T R E M M R A J M A R B E A
I N O R M O Y O E R C I Y C X
B U B G O A C R A T I A D G U
H O U S E M C H W V I O D N X
V M S S H S I C A E A H N K I
S E T T A L S N H O W J W E T
G U A R A M V E V I E T N A M
X L X O X S V R N E A T X L Z
H B H N E S T F X C K T B V Z
Q P S G B L F E W W E B O S R
```

ARABICA	HOUSE	MOCHA
BLUE MOUNTAIN	ICED	NOIR
BODY	INDIA	ROBUSTA
CREMA	JAR	STRONG
ESSENCE	JAVA	TABLE
FILTER	LATTE	TASTE
FRENCH ROAST	MACCHIATO	VIETNAM
GREEN	MILL	WHITE

```
T  S  I  L  Y  T  S  A  R  O  T  U  T  R  O
M  E  D  I  A  T  O  R  L  L  C  R  E  H  W
E  C  H  A  N  D  Y  W  O  M  A  N  C  H  R
B  R  P  N  N  C  A  Y  R  N  I  A  T  E  D
D  E  H  O  S  T  E  S  S  A  O  K  D  D  R
R  T  O  R  Y  E  L  T  C  C  A  R  I  E
A  A  T  E  U  Y  A  R  Y  L  E  E  I  A  S
U  R  O  F  M  T  E  H  S  L  H  B  V  M  S
G  Y  G  E  O  T  G  N  R  C  K  N  E  S  E
E  K  R  R  N  L  U  E  A  P  W  O  R  I  R
F  O  A  E  J  R  E  E  S  R  O  T  C  O  D
I  O  P  E  S  H  T  R  E  N  A  E  L  C  R
L  C  H  E  C  D  O  G  W  A  L  K  E  R  I
T  N  E  G  A  L  E  V  A  R  T  Y  R  J  A
K  I  R  E  L  L  E  T  Y  R  O  T  S  U  H
```

CHEERLEADER	HAIRDRESSER	REFEREE
CLEANER	HANDY WOMAN	SECRETARY
COACH	HOSTESS	STORYTELLER
COOK	LIFEGUARD	STYLIST
DOCTOR	MAID	TEACHER
DOG WALKER	MEDIATOR	TRANSLATOR
DRIVER	NURSE	TRAVEL AGENT
ENTERTAINER	PHOTOGRAPHER	TUTOR

Sculpting Materials

```
R E P P O C T B A S A L T E E
E P L E S R E T S A L P A H N
Y D O O W D J O A W C S U C O
N I A L E C R O P E A H U A T
E S P I P E S T O N E E T M S
N E E T B E C L D A N T R R D
O Z I M I L I S J O O E E E N
T N A H T V T K T C M R B I A
S O M F K O O S A A B C M P L
P R E N N U E R R O R N U A T
A B T E A M R B Y N A O S P R
O A A L I E L L K Y S C X H O
S L L L T E R D J H S Y N T P
S A O S S A L G R A N I T E V
R E T S A B A L A O H Y O N T
```

ALABASTER	GRANITE	PIPESTONE
AMBER	IVORY	PLASTER
BASALT	JET	PORCELAIN
BRASS	LIMESTONE	PORTLAND STONE
BRONZE	MARBLE	SANDSTONE
CONCRETE	METAL	SOAPSTONE
COPPER	ONYX	TERRACOTTA
GLASS	PAPIER MACHE	WOOD

```
C S F G N I K C A P V S I U R
H P U T N O I T A N I T S E D
G C G I J F S D R A C T S O P
D G K N T S I R U O T G I Y I
S I N U I C L T R O P S S A P
B E R I C K A U B T O R D Y T
S X O N P E R S G J J D I N P
B C T J G M I A E G U H E A I
Y U I A O E A G B T A M B E R
R R S T S U N C Y M T G B O T
E S I D Y I R F P R E D E U Y
N I V A K T R N A W T L A T A
E O I L F E U P E J S D C I D
C N A R E M A C E Y R S H N K
S W E I V E Y E G A Y O V G S
```

AIRPORT	DUTY-FREE	POSTCARDS
APARTMENT	EMBARKING	SCENERY
BEACH	EXCURSION	SUITCASE
BIKINI	JOURNEY	TOURIST
CAMERA	LUGGAGE	VIEWS
CAMPING	OUTING	VISITOR
DAY TRIP	PACKING	VOYAGE
DESTINATION	PASSPORT	WALKING

Communicate

```
C E G A S S E M A D N E S N M
O D I S C U S S L G J D C E I
N C L A N G I S R V X O L T S
V R X Y R I E C B E N Y C S S
E Y M E C O T R E T T E L I I
Y L E P L E A D A E J T E L V
E T S Z X I I C S O T Z U J E
X H V T L V T S R S A F W T H
R E I L T S O P N O E G I P T
I N E S G R G B J T D R K O X
G A Z H C E E P S A W Z T F N
W B J A H K N N E N N A K A E
M K T O S S E R P X E Y N O P
J U L E G A U G N A L A P R G
P E T R O P E R E C O R D Z I
```

BRAILLE	MISSIVE	RECORD
CONTACT	NEGOTIATE	REPORT
CONVEY	PIGEON POST	SEND A MESSAGE
DISCUSS	PLEAD	SIGNAL
GREET	PONY EXPRESS	SPEECH
LANGUAGE	PROJECT	TEXTING
LETTER	PUT ACROSS	UTTER
LISTEN	READ	WRITE

```
N O E T U H C A R A P H U T E
O X Y G E N P I H S R I A N H
O X D S W K X E O O R J K E C
L W N M M Q C U R E C C W C Q
L M A E T S N O D R O N E S E
A N T L P D Y I R P A H Z P L
B N S L W L L L M R Y H P E Z
L Z E A A G B I F Q U X Z R Z
S I V L G Z L Q R R S E S F I
R E E N L B P V V M E T W U R
S A A A C O T F O R C T Q M D
K H K W A I P K B E U E T E G
G Z P L A N E K S E L B B U B
E D I X O I D N O B R A C Z B
R E T P O C I L E H F J V M C
```

AIRSHIP	DRONE	POLLEN
BALLOON	HANG-GLIDER	ROCKET
BLIMP	HELICOPTER	SCENT
BREEZE	INSECTS	SMELL
BUBBLE	OXYGEN	SMOKE
BUTTERFLY	PARACHUTE	SOUND WAVES
CARBON DIOXIDE	PERFUME	STEAM
DRIZZLE	PLANE	ZEPHYR

I want my children
to have all the things
I couldn't afford.
Then I want to move
in with them.

Phyllis Diller

Composers

```
E G L A M V D O R M T D E M S
G I N I N A G A P E A L E I M
H A N D E L T E B F B C S L A
P V O N I N A M H C A R Z R I
Y H C N I C F M A T K A A U L
K L K I N S P O S H S G I B L
S A F B I I K Z P U L L A W I
N E B R C E O A L L I E O Z W
I G L U C K V R R E I L R H N
V T I C U B P T E O V S E N A
A E S K P R E B E W V A Z D H
R Z S N V E R D I B L D R T G
T I R E N U N D Y A H R L S U
S B A R T O K L O B L S F A A
M O E F K O V I K A R K E U V
```

BARBER	GLINKA	PAGANINI
BARTOK	GLUCK	PUCCINI
BIZET	HANDEL	RACHMANINOV
BLISS	HAYDN	RAVEL
BRUCKNER	HOLST	STRAVINSKY
DELIUS	LISZT	VAUGHAN WILLIAMS
DVORAK	MAHLER	VERDI
ELGAR	MOZART	WEBER

Rivers of Africa

```
U  V  P  P  A  L  O  J  A  U  E  Z  W  H  V
H  Z  O  P  O  G  N  R  I  S  W  A  T  R  I
K  V  K  M  N  Y  E  R  O  F  A  L  E  F  Z
A  Y  A  A  A  G  I  L  C  U  A  N  D  O  E
Z  M  W  K  A  M  L  Z  U  R  Y  V  A  M  B
I  K  S  K  U  L  Y  U  B  A  N  G  I  G  M
N  M  O  D  E  N  U  S  A  C  L  W  C  N  A
G  E  N  T  U  G  E  L  A  P  O  A  A  J  Z
A  O  I  U  U  J  Z  N  O  C  T  N  B  U  N
S  O  L  R  O  P  K  Y  E  N  E  N  G  A  A
I  T  A  U  H  M  A  R  I  N  G  A  I  O  O
B  M  H  V  B  E  O  M  T  Y  N  A  R  A  C
M  A  Y  U  Y  I  R  B  E  O  A  U  R  E  S
A  G  Z  M  D  U  D  P  M  I  R  U  J  K  J
A  Z  N  A  U  C  A  G  S  O  O  T  M  A  G
```

CONGO	LOMAMI	RUVUMA
CUANDO	LUALABA	SAINT PAUL
CUANZA	LULONGA	SANAGA
GAMTOOS	MAPUTO	SONDU MIRIU
KAGERA	MARINGA	SWAKOP
KAZINGA	MBOMOU	TUGELA
KUNENE	ONILAHY	UBANGI
KWANGO	ORANGE	ZAMBEZI

Books

```
N B B R K H D C A Y G Y V Y T
N I E D E R E C I P E S Y D N
G B S S W T O S I T I J Z U E
A L G G T V I R Z L K E E T M
Q E N E E S Y R A R B I L S L
S T O R Y L E J W G L E P T A
M A I I T G O L C A V I T O T
S T T R E H O T L O N A E I S
D R C I M T E L N E A P T S N
L F I S R B T S O S R L S P I
E K F O E E R M A H E S S A I
U D R O M A N C E U T U D G N
Q P R I M E R C O P R N K E D
E R M B W U M R O H T U A S E
S D A V W E I V E R B A S D X
```

ANTHOLOGY

AUTHOR

BESTSELLER

BIBLE

COVER

FICTION

INDEX

INSTALMENT

LIBRARY

MEMOIRS

NOVEL

PAGES

PRIMER

RECIPES

REVIEW

ROMANCE

SATIRE

SEQUEL

SPINE

STORY

STUDY

THESAURUS

TITLE

WRITER

Small Screen Mothers

```
N O S N E B R N N F M T D Y N
N R C F C C A R O N K A E O B
O E E V O M E V S H L Y T K U
S V U H R H D I R V B L U T H
R A D O C T O R A H A O M E G
E E F R Y L G R E W R R S R F
K L A S M I E H P S U O E V B
L C D I L Z C B M D R B V L U
I E U M S W N A D Y D K A N N
W V O P S B D Y E L W A R C D
N R C S W D C D O T H G R E Y
E E T O A F G G D U N P H Y V
J O H N S O N L N I F F I R G
S O P R A N O R B T C Y S F K
D F Y R I T V O L L I R T E P
```

ADDAMS	CRAWLEY	PEARSON
ALVAREZ	DUNPHY	PETRILLO
ARCHER	FORMAN	ROSE
BELCHER	GILMORE	SIMPSON
BENSON	GOLDBERG	SOPRANO
BLUTH	GREY	TAYLOR
BUNDY	GRIFFIN	WALTON
CLEAVER	JOHNSON	WILKERSON

```
T  E  W  E  R  O  M  A  C  Y  S  A  R  D  C
A  E  O  G  N  I  R  A  E  L  C  T  C  A  H
R  T  L  C  S  A  T  C  L  E  R  C  N  O  J
E  T  L  G  A  E  U  P  A  U  L  O  L  S  B
W  T  I  B  L  G  W  I  N  A  P  L  E  W  M
I  W  W  P  A  M  A  K  D  Y  Y  I  M  G  K
T  Y  A  L  T  D  Y  G  I  P  R  H  T  R  C
S  M  J  M  O  E  G  O  N  R  E  A  D  E  O
Q  A  P  E  O  O  Q  E  E  S  E  V  A  E  L
U  H  E  A  E  O  T  B  R  C  V  P  Q  N  M
I  C  O  E  T  R  R  S  T  R  E  A  M  E  E
R  E  R  M  E  H  T  H  D  C  B  Y  L  R  H
R  E  V  E  P  B  S  K  S  A  R  E  B  Y  M
E  B  D  E  E  C  H  C  A  U  O  O  A  C  W
L  C  R  S  C  S  E  S  S  O  M  T  W  W  H
```

BADGER	HEMLOCK	REED
BEECH	HOLLY	SQUIRREL
BERRIES	LEAVES	STREAM
CANOPY	MAPLE	SYCAMORE
CELANDINE	MOSSES	TOADSTOOL
CLEARING	MUSHROOM	TRUNK
CROW	OAK TREE	TWIGS
GREENERY	PATHS	WILLOW

```
S D W S A L L A P I A S E Y B
U A P R E I C C S O I L E H A
I Z H A E Q B U D N E T T A M
T O E Y L H R Y C H Y D R O S
E L G M M A E O R W S A F I E
O L R F T E E M Z U A M U H L
N A M R G U N S E A E T F T E
E H A J S J O Z T R P U L U N
M T M C E A R C E R A O O A E
E D V A D C I H E N A S L E S
U V V O T U O C A A O N E L K
Z K N H Z T N C R P N I A A O
W I F E Y U O S Z I S U P K K
S E S R E P A N B W U O S E B
T B B S U I P A L U C S E A L
```

ADONIS	HELIOS	PALAESTRA
AESCULAPIUS	HEMERA	PALLAS
APOLLO	HYDROS	PERSES
ATLAS	HYMEN	RHAPSO
COEUS	MATTON	SELENE
CRIUS	MENOETIUS	TARTARUS
EPIONE	OCEANUS	THALLO
EURYBIA	ORION	ZEUS

```
Y I U F E S I R N U S Z O H R
A R I S E F O F F T O W O R K
H E G G D S L G U S P T G E B
S X C N F R E A W A K E N N R
U E N R I S E A N D S H I N E
R R C L R H T S W N B X N B A
B C H O S E S R S A E P W B K
R I M O F C G A E I A L A C F
I S U U N F R L W T N K Y O A
A E E T A Y E A R T C G S C S
H S S N O O Z E T E T H H K T
D S L I P P E R S C E V O C Y
G N I K A M D E B E H L W R S
B O R E T E A C U P E L E O E
P A D E Y E Y R A E L B R W S
```

ARISE	DRESSING	SHOWER
AWAKEN	EXERCISES	SLIPPERS
BED-MAKING	FLANNEL	SNOOZE
BLEARY-EYED	HAIRBRUSH	STRETCH
BREAKFAST	MUESLI	SUNRISE
CEREAL	OFF TO WORK	TEACUP
COCK-CROW	RISE AND SHINE	WASHING
COFFEE	SCRATCH	YAWNING

Mysterious

```
A T S E K D E M Y S T E R Y R
T E N N N N V D E D E L I E V
V H M E A I A C W A V T T F E
O A G C C H T G R E E S Y Y E
I E R B S I R S S E I R E S R
L A P J S L T O E N E R L U U
E G R E E H T E I D G P D O C
D M R F C E S S R J N C Y I S
M Y S A R U L U C S A A D R B
I S O I E H L A H Y R N L U O
R T C N T L I I U H T G S C Y
A I B S I R C D A S S Y C K V
C C V A V L K N D R U U N B O
L M D B E F H P U E L N H E I
E C I T P Y R C G T N D U L G
```

ARCANE	LEGEND	SECRETIVE
CLANDESTINE	MIRACLE	SHADY
CREEPY	MYSTERY	SINISTER
CRYPTIC	MYSTIC	STRANGE
CURIOUS	OBSCURE	UNCLEAR
ESOTERIC	OCCULT	UNUSUAL
HIDDEN	PECULIAR	VEILED
HUSH-HUSH	RETICENT	WEIRD

```
C A Z S A E S L A R A W P H V
B A E S S E R O L F H Y L U O
L A R E C H S Q H I A W Y L Z
A R A N K O K H T B G M K L A
N A E H L O A E S D E R B S F
A R S C R H S U W I X Z A W O
C E S O A E H E U O R Y F A A
A E S L A R O C H O N I F T E
M E A C A R L A K E E R I E S
A H B A I P A L K B A Y N R H
N S D D J T R A M S E Y B A Y
A W E D D E L L S E A T A S Z
P P T A C I T A I R D A Y E L
L A K E C H A D B W J S E A F
A E S A R A K Y A B L E I K U
```

AARHUS BAY	IRISH SEA	PALK BAY
ADRIATIC	KARA SEA	PANAMA CANAL
ARAL SEA	KIEL BAY	RAMSEY BAY
BAFFIN BAY	KORO SEA	RED SEA
BALTIC SEA	LAKE CHAD	SEA OF AZOV
BASS SEA	LAKE ERIE	ULLSWATER
CORAL SEA	LAKE NYASA	WEDDELL SEA
FLORES SEA	LOCH NESS	WHITE SEA

Gardening

```
S  I  J  T  C  T  Y  R  A  I  P  O  T  E  H
O  Y  N  E  S  R  R  Y  U  H  B  L  M  E  V
W  L  N  C  E  O  N  I  N  Q  E  I  N  G  E
R  E  L  L  I  D  R  X  M  Z  L  E  L  N  R
E  V  P  S  R  N  O  F  A  M  L  A  B  I  V
O  A  B  E  H  Q  E  H  I  V  I  E  I  G  A
M  R  Z  S  D  E  E  R  H  G  S  N  P  A  I
W  G  G  N  O  M  E  A  A  E  S  E  G  T  N
N  R  Y  N  L  Y  C  L  B  T  A  E  U  S  H
E  R  F  O  B  Y  F  O  B  W  O  L  Q  N  W
C  A  C  I  W  R  S  I  W  O  R  R  A  M  I
T  K  F  E  Z  E  F  V  S  E  S  S  A  R  G
R  E  F  O  S  J  J  S  A  L  J  W  A  B  E
A  S  I  O  R  G  F  O  L  I  A  G  E  M  H
N  A  R  H  C  K  P  G  P  I  L  S  W  O  C
```

BELLIS	GRASSES	REEDS
COWSLIP	GRAVEL	ROSES
DILL	HAZEL	SALSIFY
FIGS	HEMLOCK	STAGING
FOLIAGE	INCINERATOR	TOPIARY
FORK	LIME	TRIMMING
FROST	MAPLE	VERVAIN
GNOME	RAKES	VIOLA

Love and Affection

```
C U D A G S T N E M I T N E S
E H E R E V E R H Y S E A E E
E N N R N W A R M T H G H V E
N A O Y T U P M T E T T O U S
O T I S L S B E A E N L G A G
I T T O E K T R C Y E N T B L
T A O F N A T A Y A M L L Y E
C C V T E I E K L V R U S R T
E H E S S P W E I D A B I J R
F M D P S M T M M N E M M U O
F E B O S W J O A Y D N W E F
A N B T J E R H F A N N H S M
M T S S E N R E D N E T E L O
P F G N R S E L D D U C L S C
S S E N E S O L C A D O R E S
```

ADMIRE	EMBRACE	LOVE
ADORE	ENDEARMENT	PEACE
AFFECTION	FAMILY	RESPECT
ATTACHMENT	GENTLENESS	REVERE
CLOSENESS	HEART	SENTIMENT
COMFORT	HOME	SOFT SPOT
CUDDLE	HUG	TENDERNESS
DEVOTION	KINDNESS	WARMTH

```
Y U D H Q F F G U T E M I X N
T Y I H I E A W L Z M I W I E
Q F M Y D A E T S T Q N U S T
S I I C E S U B D U E E R L F
O C N R T S K D E F U S E A O
O A I Q A U L L E E U S P C S
T P S I I A L Y S T Y E R K R
H R H S L G M A O A Y L A E E
E R T L I E T T P G N P L N L
M U A A C L P P E I S A R N T
O Y W A N E E Q R T X E O A T
A X H H O Q F N I I P D B B E
K I J S C H L L C M O A X U S
K X X W U M L A E E T F T B N
P C V H Q H P T R E W O L U H
```

ABATE	LOWER	SLACKEN
ALLAY	MITIGATE	SOFTEN
ASSUAGE	PACIFY	SOOTHE
CONCILIATE	QUELL	STEADY
DEFUSE	RELAX	STILL
DIMINISH	REPOSE	SUBDUE
HUSH	SETTLE	TEMPER
LESSEN	SILENCE	WANE

Things With Wings

```
S X G F Y U U W A A X Q J G M
U T G P M Y F S T O R K G X N
J E R I R O A Q U X O F R D O
I A D I D R A G O N F L Y P T
H G A E U E M L P I B E P V A
E F N N C I V M W H B K H G N
O N G A U T K D O P E C O O G
G I E L C K V K C S E P N O S
W H L P C D F X V V Q G V S O
Y E C L B Y I K G W C U G E R
W B D I B U W P T O B T I L E
G A R A R A R B U R A M O T H
B D S S H T R E P C T O I E O
S K L P I D S A H T K R T E Z
G P T H G I L O R C I M B B E
```

ANGEL	EROS	MIDGE
BAT	FAIRY	MOSQUITO
BEETLE	GNAT	MOTH
BIRDS	GOOSE	OSTRICH
CHERUB	GRYPHON	SAILPLANE
CROW	HARPY	SPHINX
CUPID	HAWK	STORK
DRAGONFLY	MICROLIGHT	WASP

Clocks

```
I  T  Z  F  L  M  S  L  V  E  D  K  H  F  P
K  O  A  L  M  D  I  D  L  O  Z  M  C  K  I
D  C  A  N  C  C  B  O  C  L  R  G  P  L
E  W  C  A  Y  T  A  W  S  T  O  A  N  E  L
F  R  H  T  U  T  E  L  U  T  Q  V  I  N  A
B  E  N  R  V  S  A  C  A  N  E  J  R  D  R
L  T  R  Z  O  R  K  L  E  N  H  S  P  U  S
A  E  S  R  E  E  U  H  O  I  T  J  S  L  M
T  M  F  M  Y  G  C  V  H  H  P  I  B  U  D
I  O  U  W  E  T  E  Y  G  S  Z  E  Q  M  P
G  N  L  R  I  L  O  I  O  H  T  G  M  U  V
I  O  V  K  T  N  E  C  O  A  Q  U  J  I  E
D  R  F  Y  C  W  D  U  B  R  A  C  K  E  T
F  H  J  M  S  W  R  E  O  O  K  C  U  C  P
Q  C  L  E  P  S  Y  D  R  A  A  Q  J  I  T
```

ANTIQUE	HOURS	ROSEWOOD
BRACKET	KEY	SPRING
CHRONOMETER	KITCHEN	TABLE
CLEPSYDRA	NOVELTY	TIMEPIECE
CUCKOO	NUMERALS	TURRET
DIGITAL	PENDULUM	WALL
FACE	PILLARS	WEIGHTS
HANDS	REGULATOR	WINDER

```
Y W T R Y N U E D K N K S Q G
Q C K N E L S T S E T G L N R
R L A U B P I E V T T N I Q E
J L Q R R V D B N L N N U K T
Y A A S E O T E R I R A O U S
L H K E I T D H A A L M C T A
B T M R Q U I T E N R H L J M
M A J Y T A P L E O A Y A T O
E E U S L A R V D N R N S E L
S R G W C M S E C R I Y C X P
S G D E D M P E H T E B O T I
A T N L L P L U O C C U B D
Y O U W S L Y R P H A T T O P
F C T D O V O Z I I O E D O F
F C Z R Y K M C M R L J T K R
```

ASSEMBLY	LEARNING	SCOUT
CAPTAIN	LIBRARY	STUDENT
CHANCELLOR	LINES	STUDY
COLLEGE	LITERACY	TEACHER
DEAN	MASTER	TESTS
DIPLOMA	NURSERY	TEXTBOOK
GREAT HALL	PUPIL	THEORY
JANITOR	RECTOR	TUTOR

Youth fades; love droops;
the leaves of friendship
fall; A mother's secret
hope outlives them all.

Oliver Wendell Holmes

Shells

```
L H K E N C R I A I S E O K X
F I O H O E P I D D O C K E I
C Y A W A T E L K C O C R N N
Z X R N X I W D O E K U E O A
C I X Y S N M N L I M L H T B
E H G W X I C Q T E O F S I R
D T Q U A H O G L S S E Z H U
H O B H S C O T N E T H M C T
G O Y Z B E R R S I L U E A B
U T I S Z U A S N N S G X L X
O U H F T O Q O W S E M N G L
R E C I T E M L E H H I U I S
T L A M C M R L N L E E L I J
Y R O Z A R Y Y S E C L L J V
L B N E T I N I R C N E K L A
```

AMMONITE	HORNSHELL	RAZOR
CHITON	JINGLE	SNAIL
COCKLE	MUREX	SOLEN
CONCH	MUSSEL	TOOTH
COWRIE	NEEDLE SHELL	TROUGH
ECHINITE	OYSTER	TURBAN
ENCRINITE	PIDDOCK	TURTLE
HELMET	QUAHOG	WHELK

Endangered Species

```
R P E I D P B U K H Z S Y D A
K R A U G A J U G F G D T A L
C N K E D P R R S B L Z C O O
O I I C H A T E E H C T B T R
D N K I N G R A T L D E B O I
D C I Q S I Z F Z E L O E G H
A A K U S J F Y T U N E G O A
H T I O K N Y E G O T T H T L
P E M K U U R A B A M E L E V
G R M K O P C O N D O R M C J
G N O A S I R A V A Q U I T A
K Z O A R K M E N A R W H A L
P T H G M G S B Y E H V L E P
Z N P J U F A E L E O P A R D
K S L H Q D D Y N O B B I G B
```

AKIKIKI	GIBBON	LEMUR
ASPRETE	HADDOCK	LEOPARD
BELUGA	HIROLA	MANATEE
BONOBO	INCA TERN	MARGAY
BUSH DOG	JAGUAR	NARWHAL
CHEETAH	KING RAT	QUOKKA
CONDOR	KIPUNJI	TOGO TOAD
DUGONG	KOUPREY	VAQUITA

Board Games

```
I L L O T A P C E L K R I W Q
W F F G D N A L Y D N A C M C
Y E B O D U L I H T S O E O D
E R U L S I K R I C N P J N N
R L R G O M S X W N P S I O K
S O J O E K I N E A M M U P F
Q S H Y S R U C R O R D K O S
U T F L T J T S D E O M O L R
A C S N F F T G T W E T R Y E
R I A O O I N S N X S R O J K
E T Y U M I A F I U S O G N C
M I R M K M A C R U E U U I E
I E U M G L A O J R H B S G H
L S T J L H O T E L C L R T C
E D E L B B A R C S T E U Y D
```

BLOKUS	KINGDOMS	SCRABBLE
CANDYLAND	LOST CITIES	SORRY!
CHECKERS	LUDO	SQUARE MILE
CHESS	MASTERMIND	SUGOROKU
CIRKIS	MEXICA	SUMMIT
CONNECT FOUR	MONOPOLY	TANTRIX
DOWNFALL	PATOLLI	TROUBLE
HOTEL	QWIRKLE	TSURO

"SWEET..."

```
J E L I C T K H A D U V E R C
G O Y M T M U X E E X I L E E
O L I S A B Y N Q A N K A S U
E X F O S R X R T Y R R E H S
C L O V E R J K R S Q T U B Y
T W K E R O E O T E E X H J A
P Y A C Z A R C R O H H R R E
C L D T I J V A H A O C C E G
I E L M E P Y L T B M T X P N
D C T U E R R O E B R T H P A
E I E D S A P A E G N E V E R
R C L B T S T D I Z Z K A P O
D N O M L A O S L R U C V D Z
M A I L L I W P Z U B O M A S
E K V K Y Y O I S E L R L E H
```

ALMOND	CLOVER	ROCKET
BASIL	HEART	SHERRY
BREADS	MARJORAM	SPOT
BRIAR	MEATS	TALK
CHERRY	ORANGE	TOOTH
CHESTNUT	PEPPER	VIOLET
CICELY	PICKLE	WATER
CIDER	REVENGE	WILLIAM

```
S E L B A T F N M F H S E R Y
S I D Y E S T R N O D G H E E
A H I T U A E C R I N E E H N
L S N R R H R S U I K C T A S
G U N A G O D V T C I P R L N
L S E P F O T A C V T A A J O
L E R O E S E I R O S E C N E
I K K U D S I E S C M A A O H
R D V S I A S H N S Y T L D C
G R Y N N G E R A E E E A C N
E I Y R E L T U C R K R S O U
V N U O R T S I B F F Y I V L
E K M L S A E S N L O Y L E R
T S P E I R E S S A R B T R E
G N I P P I T C O F F E E S D
```

A LA CARTE	DINNER	NAPKIN
ALFRESCO	DRINKS	PARTY
BISTRO	EATERY	ROTISSERIE
BRASSERIE	GLASS	SEATING
COFFEE	GRILL	SERVICE
COVERS	HORS D'OEUVRE	SUSHI
CUTLERY	LUNCHEON	TABLES
DINERS	MEALS	TIPPING

```
H T O O M S D O E I M B P S D
T G N I L E E F L C E I C B O
A T S I L K E N B R L E L M P
S T P V U R D R E O T A E D Y
Y D E T C E T O R P N U T O F
M U R A W O W E W D E E N N F
D U L C E T L P M N G K A R U
D I T T C U S H Y P Y J I J L
T O L B E P P N J F E S L N F
D N P U U N P A R O A R P L D
E V E L T T D H Y P R C E H Q
R F P I F E T E P E C E I D U
S Y A O N S D E R Y C H M L I
L P O N F E B S R Y V A S G E
J F S U O U L F I L L E M P T
```

BLAND	FLEECY	PLIANT
BUTTER	FLUFFY	PULPY
CUSHY	GENTLE	QUIET
DILUTED	KIND	SILKEN
DOWNY	LENIENT	SMOOTH
DULCET	MELLIFLUOUS	TEMPERED
FACILE	MILD	TENDER
FEELING	MISTY	UNPROTECTED

```
G N I K A M S S E R D Q J U P
S O Y E N G T A S W O J U D O
A I R G T N R P G E I W J A I
J R B N I I A G E O H C I O H
H S C I Q K D N H V Y Z T N W
I T Y H U I J I G S A W S K G
E A L S E H C I C H G K U N Y
D M L I S R R K K R A W I B T
L P A N G J Y S N T O T S A E
C S B R N N P L I H T C N S S
E I E A C A I N T A H T H K E
A X S V E A G V T G N I W E S
H G A U L R M P I O H A M T T
I R B F M L C B N D S Y I R V
O R I G A M I H G H G R A Y U
```

ANTIQUES	HIKING	ROWING
ARCHERY	JIGSAWS	SEWING
BASEBALL	JUDO	SKATING
BASKETRY	JU-JITSU	SKIING
CROCHET	KNITTING	STAMPS
DARTS	MACRAME	TATTING
DIVING	MUSIC	VARNISHING
DRESSMAKING	ORIGAMI	YOGA

```
V I G S S P E N E L D N I P S
P M X U R Y H R V L Z T W A Y
V A X I P T H U J A I T I K R
R A V L L Y R R E H C N M L E
T E R O W A N M O A O A D S P
T H I B C C S R B T P G O E I
U R P S K A N W G L J Z G A N
A M E A O B D N E G B L W M U
I Z K B E P I O E V I L O Z J
F W O A B L E J U W I V O E N
T A M D L U L C E M A D D O N
V L S E G T R Z A U F T M P Q
G N W B A N A N A N Z E T P H
S U U C U E Z U P L L Y E L E
P T S C P T U N O C O C Y J E
```

AVOCADO	LINDEN	SALIX
BANANA	MAPLE	SMOKE
CHERRY	OLIVE	SPINDLE
COCONUT	OSIER	TAXUS
DOGWOOD	PECAN	THUJA
HORNBEAM	PRIVET	WALNUT
JUNIPER	ROWAN	WATTLE
LEMON	RUBBER	WELLINGTONIA

```
T J A N A N E S I I N O K N G
J E B H A P R I C O T A I M E
E H S Y N W A T K F S A A J R
R L N N H T E E U N R I R O D
A I A L U R X L A G Z S E S A
O U P B I S V H E E M A U B F
A Q L N M O F D N I X B C R L
M N E P U M L G K E L E C O I
T O S S S I U A I O D L H N D
C J J I T F D I O M B L R Z O
A T N S A O O H N A F I O E F
N V O T R U C M N A B N M G F
A R M R D S Y A D K T E E G A
R A E A V J N H L O R I V B D
Y E L W R A L L I P R E T A C
```

APRICOT	GOLDEN	MUSTARD
BANANA	HANSA	NAPLES
BRONZE	ICTERINE	SCHOOL BUS
CANARY	ISABELLINE	STIL DE GRAIN
CATERPILLAR	JONQUIL	STRAW
CHROME	LEMON	SUNSET
DAFFODIL	MAIZE	TAWNY
FULVOUS	MIKADO	TITANIUM

Dreams

```
E R S D E W J G E R N E O B G
B N L S A F O D U R O E A N P
F O U M E M O R I E S T I I N
N R J T G C W D K A G K H E R
O A S W R G C W V J N S S B U
I Y E E E O R U C I D D R S G
T F L R S N F A S N W E D N E
I L T I E A T R E O H U I B T
N Y S C M Y H I R T O H M R F
G I A H T A R C O L G S A E A
O N C E H F F M C U Z V V O N
C G T S N E I L A F E O T Y T
E J W M A U M L O L L R C I A
R B G N I T A O L F G E E R S
T E H I P Z D T H E Y A E F Y
```

ALIENS	FLYING	MOTHER
CASTLES	FOOD	NEW JOB
CHASES	FORTUNE	RECOGNITION
CLOUDS	FRIENDSHIP	RICHES
CROWDS	HOME	SINKING
FAMILY	LAUGHING	SUCCESS
FANTASY	LOVE	TRAVEL
FLOATING	MEMORIES	WORK

```
N O I L K E T F Y J U N O T O
A N E M O L I H P L B A Y H M
R U V G E T Y O R I L M L E A
L R G W J V J H R E O U I J B
A E A P E H A D K T N D T O S
D O O H Y O B R H S U A T Y E
Y D V M Y O G E B M A B L L R
B V O G X C R J B B K M E U I
I O S T E P M O M A M A W C A
R M E R M A I D S D R C O K L
D I E A M A M M A M I A M C M
K H S O S O U L F O O D E L O
V D R J R M V R A M E W N U M
B A B Y B O O M O S J F D B G
S E L B I D E R C N I E H T N
```

BABY BOOM	LION	ROOM
BAD MOMS	LITTLE WOMEN	SERIAL MOM
BIRD BOX	MAMMA MIA!	SOUL FOOD
BOYHOOD	MASK	STEPMOM
BRAVE	MERMAIDS	THE INCREDIBLES
DUMBO	MOTHER	THE JOY LUCK CLUB
EGG	PHILOMENA	
JUNO	ROMA	TULLY
LADY BIRD		

```
B O M H V E E B A X A O F G C
R D N I R P F C U B H I T I D
L A E T K W O T A N T S E E Z
L R V E K S G E R S E M I V Y
A T J L N J O R D E R O P L I
D O D E L L I N G R H C P L U
M N S A N D R A U D I G A U C
I S V A A A A P A O H B G G E
E J N K Q N K R P N S U W E A
H B S X N S A C W N A H G F S
L E O A O T I O I E F G Y J E
M U N I S K D G Y R I M Y O M
U K K O P E L I Y R F R A N R
A N A F N A T Y F N F R E Y A
E Q E H P K T P R N U R O J N
```

DELLINGR	HEIMDALLR	SIGYN
DONNER	HRETHA	SKADI
FREYA	NANNA	SNOTRA
FRICKA	NJORD	TANFANA
FRIGG	NJORUN	TAPIO
GEFJON	OSTARA	UKKO
GERSEMI	RINDR	WODEN
GULLVEIG	SANDRAUDIGA	WOTAN

```
R P G P X E C I F F O T S O P
E A R D E S I N C E R E L Y I
A L G I U N E M M L M I P A U
D Y E C N T C A I I I F E R P
I L X T T T I I C N I H L O Y
N T P I T L I O L T U A L G L
G D R O I E L N K L V T B K L
N W R N P O R E G I X H E C U
I R G A N E P N I A T N U O F
D A V R C A N V N M A R H S H
A M E Y V T Y E Z R A Z T T T
E M E C E C S L R I G E X A I
H A M M O C J O U A X G V M A
O R M K O T H P P T N R K P F
Y G Z Y D S P E L L I N G S U
```

AIRMAIL	LETTER	PRINTING
COMMA	MAILING	READING
DICTIONARY	MEMOS	SEMICOLON
ENVELOPE	MINUTE	SINCERELY
FAITHFULLY	OPENER	SPELLING
FOUNTAIN PEN	PENCIL	STAMPS
GRAMMAR	POST OFFICE	TEXT
HEADING	POSTCARD	WRITTEN

Better and Better

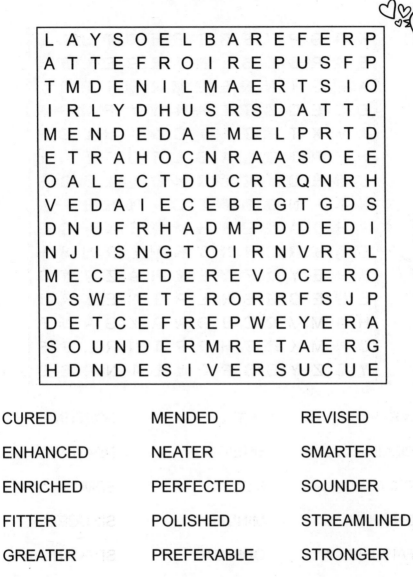

```
L A Y S O E L B A R E F E R P
A T T E F R O I R E P U S F P
T M D E N I L M A E R T S I O
I R L Y D H U S R S D A T T L
M E N D E D A E M E L P R T D
E T R A H O C N R A A S O E E
O A L E C T D U C R R Q N R H
V E D A I E C E B E G T G D S
D N U F R H A D M P D D E D I
N J I S N G T O I R N V R R L
M E C E E D E R E V O C E R O
D S W E E T E R O R R F S J P
D E T C E F R E P W E Y E R A
S O U N D E R M R E T A E R G
H D N D E S I V E R S U C U E
```

CURED	MENDED	REVISED
ENHANCED	NEATER	SMARTER
ENRICHED	PERFECTED	SOUNDER
FITTER	POLISHED	STREAMLINED
GREATER	PREFERABLE	STRONGER
HEALED	RECOVERED	SUPERIOR
IMPROVED	RECTIFIED	SWEETER
LARGER	REFORMED	WORTHIER

```
K D R H P S G E E H N V U A C
S S R B L H N E E R C S V F T
A F S R A T S E M R E P T E T
E T L O Z S I S R W I A M G W
T V F Y P G I I G D L U L B P
I H I O O U A E K E L F Z H Y
S N R L Y N P R N O I I O Q S
N T I V O I T T V L U N H P K
I H C O S L S H M Q E O A C O
T D S O I H N S E I L O W N I
E P D V O E W L N W S O U N D
L E A W M E R E P E A T S R U
L G N I N E D R A G K L A H T
U A R E P O M U S I C M L J S
B C A O E O A T U E A O K P P
```

BULLETINS

CHILDREN'S

CRIME

DRAMA

EPISODE

FILMS

FLY-ON-THE-
  WALL

GARDENING

LIVE

MUSIC

NEWS

ON AIR

OPERA

PHONE-IN

QUIZ

REPEATS

SCREEN

SOAPS

SOUND

SPORT

STARS

STUDIO

TALENT SHOW

VOLUME

The most beautiful word
on the lips of mankind
is the word "Mother"...
it is a word full of hope
and love, a sweet and
kind word coming from
the depths of the heart.

Kahlil Gibran

Cake Baking

```
R  S  E  L  K  N  I  R  P  S  L  J  I  A  S
E  R  U  Z  Y  C  A  L  U  T  A  P  S  A  L
T  F  W  Y  I  G  H  E  O  F  K  E  O  G  W
A  V  G  N  U  B  O  Z  N  C  R  N  E  V  O
W  G  G  S  U  S  U  T  A  P  S  U  S  R  B
D  A  N  T  C  N  G  R  F  G  Q  J  I  E  D
A  E  T  I  O  U  G  S  Y  A  R  T  L  T  G
G  E  C  O  T  N  R  W  E  Z  U  G  P  A  E
R  S  P  O  I  S  G  R  Q  N  O  A  Z  L  B
F  S  U  L  R  T  E  N  A  Q  L  J  Y  O  C
C  V  O  L  O  A  F  T  I  N  F  N  I  C  C
P  O  E  G  R  A  T  E  R  M  T  J  M  O  R
C  B  G  F  Q  M  O  E  Q  B  I  S  A  H  E
P  Z  G  H  V  E  P  I  C  E  R  T  Z  C  A
A  M  S  M  D  S  Y  P  E  R  U  T  X  I  M
```

BOWLS	FLOUR	SPATULA
BUTTER	FRUIT	SPOON
CHOCOLATE	GRATER	SPRINKLES
COOLING RACK	ICING	SUGAR
CREAM	LOAF TIN	TESTING
CURRANTS	MIXTURE	TIMING
DECORATE	OVEN	TRAYS
EGGS	RECIPE	WATER

Sandwich Fillings

```
A S R Z E T N S I N T E R A I
I F J E O G T E C U T T E L L
K P C M T E A C H I C K E N Y
V T A U A S F S U H O N E Y G
I T U R C I B O U I L A S P X
O Y V R S U Z O M A E O I J K
D T B H K I M A L A S X N R H
K C R D R E R B R S L D O W G
A O B O W T Y F E A A P C A C
E C H G S I S Y P R W S A F H
T C I A O A N O P D E Z B C E
S B P N H D J H E I I S R S E
E G I N D K T N P N E E E A S
F O K V J T R O W E S F I N E
N A I N I H A T H S H R I M P
```

BACON	HONEY	SALAMI
CHEESE	HOT DOG	SARDINES
CHICKEN	LETTUCE	SAUSAGE
CHORIZO	LOBSTER	SHRIMP
COLESLAW	ONION	STEAK
CRESS	PASTRAMI	TAHINI
CUCUMBER	PEPPER	TOMATO
FISH ROE	PORK	TURKEY

Edible Hues

```
M I C H G H Y D R B E P A R G
Y O G N A M C O G E M E N G O
D N J R P G R A C E G S D O E
H O G N L A O A E L B N M E Q
P M U N B E M L E P O Y I N S
U L C R E A M Z I M E R O G Z
M A Y G W Y A A L V A R R A A
P S A S B H O A R E E E A P K
K Y M P A A F T F A C B N M I
I K R O R F N R A A C W G A R
N U Y R V I F A R M E A E H P
O R E Y E R C R N G O R S C A
L Y A D Q H O O O A F T A L P
E L R G S T C P T N Z S G V J
M U L B E R R Y H E E G A S T
```

ALMOND   GINGER   PAPRIKA

APRICOT   GRAPE   PEACH

BANANA   HAZEL   PUMPKIN

CARAMEL   MANGO   SAFFRON

CARROT   MELON   SAGE

CHAMPAGNE   MULBERRY   SALMON

CHERRY   OLIVE   STRAWBERRY

CREAM   ORANGE   TOMATO

```
G L S U O R O M A L G E C A V
L N Z N S C L E H Y N E B P S
A E I D I S C V N O S R E R S
S N N R K L S U I L A S E E A
Y A K C A T R T L C S S C D L
W R O R O E A E A T W R S N G
B L E O C T P D M E O O Y O G
F X G K I S A P A S H R R W N
P E M V A B R A A T S R D M I
U O E P R F I C M S G I R Y K
F L W A E D S N U A I M A S O
O L S E C R E T S R Z D Z T O
W A T E R T A N K O S E I I L
N O I S U L L I V M V E W F O
S T A D Y R E C R O S D S Y L
```

ABRACADABRA	LOCKS	SHOWS
AMAZE	LOOKING GLASS	SORCERY
CURSES	MERLIN	SPELLS
DISAPPEARING	MIRRORS	STOOGE
FAKERY	MYSTIFY	WANDS
GLAMOROUS	OCCULT	WATER TANK
ILLUSION	POWER	WIZARDRY
LEVITATION	SECRETS	WONDER

```
E H T O O T A G N I S O L S L
M S N O I T A R B E L E C Y F
O P L A Y T I M E S P T K A I
H C I S U M M A H T S P M D R
G C K M G A M E S O E I S H S
N A B I T M Y Q G R L R Y T T
I M E L K U U A T Y D Y A R C
V P S E M A P E T T D E D I R
A I I S B A E I H I U M L B U
E N B B R T M U F M C I O U S
L G L T H E G S K E G T O R H
T E I I V S W B T G V H H A U
S E N L A U G H T E R T C S P
S G G W A L K I N G P A S E E
J J S Y A D I L O H S B K B V
```

BATH TIME	HOLIDAYS	PLAYTIME
BIRTHDAYS	HUGS	SCHOOLDAYS
CAMPING	LAUGHTER	SIBLINGS
CELEBRATIONS	LEAVING HOME	SMILES
CUDDLES	LOSING A TOOTH	SQUABBLES
FAMILY TIME	MUSIC	STORY TIME
FIRST CRUSH	PARTIES	TEETHING
GAMES	PETS	WALKING

Musical Instruments

```
P A F E N O B M O R T I S Y K
Y N A G R O E T O L L E C R V
H O S E E H C L L E V L R R H
S A X H O R N E E C G G E E U
C O R N E T I B L L N U B H R
S N P P L B A A M E U B E T D
T A N V S G V R Q W S K C I Y
E I T J P I V M E V A T U Z G
N P E I E G C V E M V H A U U
A A P R A P S H S K I I S R R
T E M G A B R E O W P C O Z D
S T U L O T A B O R D B L L Y
A A R I T O I A S K D E G U A
C K T S U O M U U S E N A E D
O F O A I H E L G N A I R T L
```

BAGPIPES	GUITAR	SHAWM
BUGLE	HARPSICHORD	TABOR
CASTANETS	HURDY-GURDY	TRIANGLE
CELESTA	MOOG	TROMBONE
CELLO	ORGAN	TRUMPET
CLAVIER	PIANO	UKULELE
CORNET	REBEC	VIOLA
DULCIMER	SAXHORN	ZITHER

```
A E D R O W S Y F F D T D Y Y
O L S F P H Z N R K I S P Y O
C T N R N O P W O R Q E C B U
O T X W E J Y B E R E R K L X
C O A L A Y B D L L I N Z A W
L B D W S Y A C S U J N L N A
L R F O O L T R D N L E G K R
B E R J Z L H P P O R L K E M
E T B F D I L G N R I G A T T
Z A G O O D N I G H T W Y B H
O W F V W X H G P A V W Q C Y
O T W A S H I N G M Q U I L T
N O W T G N W O D R E D I E C
S H S T E E H S B P M A L G K
A L A R M C L O C K O N Z O Z
```

ALARM CLOCK	HOT-WATER BOTTLE	SHEETS
BATH	LAMP	SLEEPY
BLANKET	LULLABY	SNOOZE
COCOA	PILLOW	SNORING
DOZING	PRAYERS	TIRED
DROWSY	QUILT	WARMTH
EIDERDOWN	RELAX	WASHING
GOODNIGHT	REST	YAWN

Ancient Egypt

```
U S D E A R T A P O E L C S S
R I T O L N L W Z H N S S E H
E B B H U I A D U E U S E U I
M U D B O L N C F R H M S T E
R N I L E C Q R O U A V E A R
A A H Y G Y B H E U L H M T O
N E S S P H I N X V L O A S G
T I R I A M A S K S I A R Z L
S S R A R W A L U W D R A N Y
E N S T K I A P K E S A W N P
I W Q C M A S R D A A H A R H
R I T U A L B O U I R P H C S
P P M Q Z R I S U B A N G K L
P M P I T B A H S U A L A C O
Y L E G S I D B C A P E S K T
```

ABU RAWASH	ILLAHUN	PRIEST
ABUSIR	KARNAK	RAMESES
ANUBIS	MASKS	RITUAL
BAKARE	MUMMY	RIVER NILE
CLEOPATRA	NARMER	SCARAB
HAWARA	NUBIAN	SPHINX
HIEROGLYPHS	OSIRIS	STATUES
HORUS	PHARAOH	USHABTI

```
R H C O O H V Y V R L A R N R
I A E G E N T L E B E N F V E
G I P E H T D L O N R A L R V
L P E T E Y L I M U R R A Y L
A H D H Z E F W R V E E U C I
S Z S K Y L Z H E R C U L E S
S A B D I H T Z D A K C I L F
I U L P P R S A T E E H C A H
E O P M I H C E H T Y D U J N
P E W G O C H A M P I O N Y M
R M G H Y R C I P B S A L E E
S E A F X O R I O I Z N U N L
R M P R M S K I S I V E R V A
W D L E T S A A S O A A D A S
U Y T T M V N E V O H T E E B
```

ARNOLD THE PIG	HERCULES	OLD YELLER
BEETHOVEN	HOOCH	PETEY
CHAMPION	JUDY THE CHIMP	SALEM
CHEETA	LASSIE	SILVER
COMET	MORRIS	SKIPPY
FLICKA	MR ED	TRAMP
FLIPPER	MURRAY	TRIGGER
GENTLE BEN	NUNZIO	WILLY

1

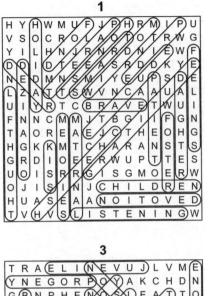

2

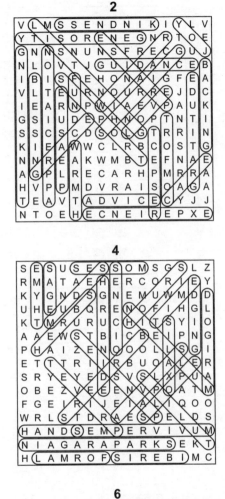

3

4

5

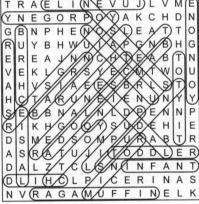

6

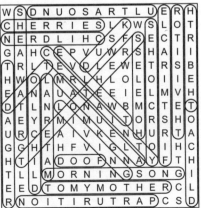

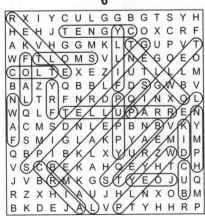

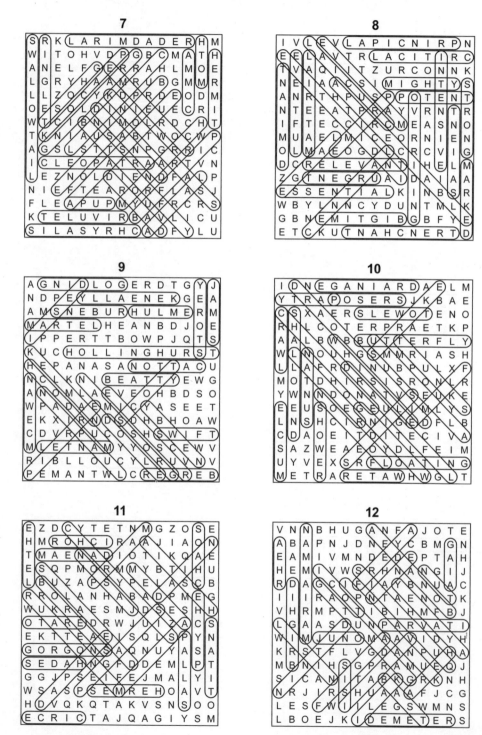

7

S	R	K	L	A	R	I	M	D	A	D	E	R	H	M
W	I	T	O	H	V	D	P	G	B	C	M	A	T	E
A	N	E	L	F	G	E	R	R	A	H	L	M	O	H
L	G	R	Y	H	A	A	M	R	U	B	G	M	M	R
L	L	Z	O	C	Y	K	D	P	R	D	E	O	D	M
O	E	S	O	L	D	I	N	E	U	E	C	R	I	I
W	T	C	I	B	N	I	M	O	L	R	D	C	H	T
T	K	N	I	A	U	S	A	B	T	W	O	C	W	P
A	G	S	L	S	T	T	S	N	P	G	R	R	I	C
I	C	L	E	O	P	A	T	R	A	A	R	T	V	N
L	E	Z	N	O	L	D	I	E	N	D	F	A	L	P
N	I	E	F	T	E	A	R	O	R	F	L	A	S	I
F	L	E	A	P	U	P	M	Y	U	F	R	C	R	S
K	T	E	L	U	V	I	R	B	A	V	L	I	C	U
S	I	L	A	S	Y	R	H	C	A	D	F	Y	L	U

8

I	V	L	E	V	L	A	P	I	C	N	I	R	P	N
E	E	L	A	V	T	R	L	A	C	I	T	I	R	C
T	V	A	Q	I	I	T	Z	U	R	C	O	N	N	K
N	E	I	A	C	S	I	M	I	G	H	T	Y	S	I
A	N	R	T	H	P	U	S	P	P	O	T	E	N	T
N	T	E	E	A	T	P	R	A	Y	V	R	N	T	R
I	F	T	E	C	C	I	R	O	M	E	A	N	N	O
M	U	A	E	L	M	I	C	E	O	R	N	I	E	N
O	L	M	A	E	O	G	D	C	R	C	V	I	L	G
D	C	R	E	L	E	V	A	N	T	H	E	L	I	M
Z	G	T	N	E	G	R	U	A	I	D	A	I	A	A
E	S	S	E	N	T	I	A	L	K	I	N	B	S	R
W	B	Y	L	N	N	C	Y	D	U	N	T	M	L	K
G	B	N	E	M	I	T	I	G	B	G	B	F	Y	E
E	T	C	K	U	T	N	A	H	C	N	E	R	T	D

9

A	G	N	I	D	L	O	G	E	R	D	T	G	Y	J
N	D	P	E	Y	L	L	A	E	N	E	K	G	E	A
A	M	S	N	E	B	U	R	H	U	L	M	E	R	M
M	A	R	T	E	L	H	E	A	N	B	D	J	O	E
I	P	P	E	R	T	T	B	O	W	P	J	Q	T	S
K	U	C	H	O	L	L	I	N	G	H	U	R	S	T
H	E	P	A	N	A	S	A	N	O	T	T	A	C	U
M	C	L	K	N	I	B	E	A	T	T	Y	E	W	G
A	N	O	M	L	A	E	V	E	O	H	B	D	S	O
W	P	A	D	A	E	M	I	C	Y	A	S	E	E	T
E	K	X	I	R	N	D	S	D	H	B	H	O	A	W
C	D	V	R	P	U	C	O	S	H	S	W	I	F	T
M	L	E	T	N	A	M	Y	Y	O	S	C	E	W	V
R	I	B	L	L	O	U	C	Y	L	R	U	V	N	V
P	E	M	A	N	T	W	L	C	R	E	G	R	E	B

10

I	D	N	E	G	A	N	I	A	R	D	A	E	L	M
Y	T	R	A	P	O	S	E	R	S	J	K	B	A	E
C	S	X	A	E	R	S	L	E	W	O	T	E	N	O
R	H	L	C	O	T	E	R	P	R	A	E	T	K	P
A	A	L	B	M	B	B	U	T	T	E	R	F	L	Y
W	L	N	O	U	H	G	S	M	M	R	I	A	S	H
L	L	A	F	R	D	N	U	B	P	U	L	X	F
M	O	T	D	H	I	R	S	I	S	R	O	N	L	R
Y	W	N	N	D	O	N	A	T	V	S	E	U	K	E
E	E	U	S	O	E	G	E	U	L	I	M	L	Y	S
L	N	S	H	C	I	R	N	I	G	E	D	F	L	B
C	D	A	O	E	I	T	D	I	T	E	C	I	V	A
S	A	Z	W	E	A	E	O	Y	D	L	F	E	I	M
U	Y	V	E	X	S	R	F	L	O	A	T	I	N	G
M	E	T	R	A	R	E	T	A	W	H	W	G	L	T

11

E	Z	D	C	Y	T	E	T	N	M	G	Z	O	S	E
H	M	R	O	H	C	I	R	A	A	J	I	A	O	N
T	M	A	E	N	A	D	I	O	T	I	K	O	A	E
E	S	Q	P	M	O	R	M	M	Y	B	T	I	H	U
L	B	U	Z	A	P	S	Y	P	E	L	A	S	C	B
R	R	O	L	A	N	H	A	B	A	D	P	M	E	G
W	U	K	R	A	E	S	M	J	D	S	E	S	H	H
O	T	A	R	E	D	R	W	J	U	I	Z	A	C	S
E	K	T	T	E	A	E	I	S	Q	L	S	P	Y	N
G	O	R	G	O	N	S	A	Q	N	U	Y	A	S	A
S	E	D	A	H	N	G	F	D	D	E	M	L	P	T
G	G	J	P	S	E	I	F	E	J	M	A	L	Y	I
W	S	A	S	P	S	E	M	R	E	H	O	A	V	T
H	D	V	Q	K	Q	T	A	K	V	S	N	S	O	O
E	C	R	I	C	T	A	J	Q	A	G	I	Y	S	M

12

V	N	N	B	H	U	G	A	N	F	A	J	O	T	E
A	B	A	P	N	J	D	N	E	Y	C	B	M	G	N
E	A	M	I	V	M	N	D	E	D	E	P	T	A	H
H	E	M	I	V	W	S	R	H	N	A	N	G	I	J
R	D	A	G	C	I	E	A	Y	B	N	U	A	C	A
I	V	H	R	M	P	T	I	B	I	H	M	F	B	K
L	G	A	A	S	D	U	N	P	A	R	V	A	T	I
W	I	M	J	U	N	O	M	A	A	V	I	D	Y	H
K	R	S	T	F	L	V	G	D	A	N	P	U	H	A
M	B	N	I	H	S	G	P	R	A	M	U	E	O	J
S	I	C	A	N	I	T	A	B	K	G	R	K	N	H
N	R	J	I	R	S	H	U	A	A	A	F	J	C	G
L	E	S	F	W	I	L	E	G	S	W	M	N	S	S
L	B	O	E	J	K	I	D	E	M	E	T	E	R	S

13

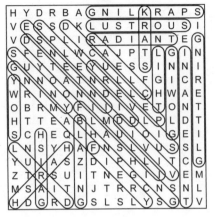

```
H Y D R B A G N I L K R A P S
V E S S D K L U S T R O U S I
V D S P L I R A D I A N T E G
S F E N L W C A J P T L G I N
G U Y T E E Y U E S S I N N I
Y N N O A T N R L L F G I C R
W R I N O N N D E L C H W A E
O B R M Y F I J I V E T O N T
H T T E A B L M O D L P L D T
S C H E O L H A U I O I G E I
L N S Y H A F N S L V U S S L
Y U I A S Z D I P H L I T C G
Z T R S U I T N E G I L V E M
M S A I T N J T R R C N S N L
H D G R D G S L S L Y S G T V
```

14

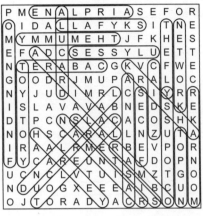

```
P M E N A L P R I A S E F O R
O I D A L L A F Y K S I T N E
M Y M M U M E H T J F K H E S
E F A D C S E S S Y L U E T T
N T E R A B A C G K V C F W E
G O O D R J M U P A R A L O C
N Y J U D I M R L C S I Y R E
I S L A V A V A B N E D S K R
D T P C N S L A C A C O S H K
N O H S C A R A L L N Z U T A
I R A A L R M E R B E V P O R
F Y C A R E U N T A F D O P N
U C N C L V T U I S M Z T S S
N D U O G X E E E A I B C U U
O J T O R A D Y A C R S O N M
```

15

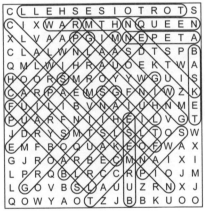

```
C L L E H S E S I O T R O T S S
C I X W A R M T H N Q U E E N
X L V A A P G I M N E P E T A
C L A L W N L A A S D T S P B
Q M L W I H R A U O E K T W A
H O O R S M R O Y Y W G U I S
C A R P A E M S G F N I W Z K
F U I L I B V N A I U H N M E
P U A R F N I H E I L V G T
J D R Y S M T S L S L T O S W
E M F B O Q U A K E O F W A X
G J R O A R B E C M N A I X I
L P R Q B L R C C R P I O J M
L G O V B S L A U U Z R N X J
Q O W Y A O T Z J B B K U O O
```

16

```
N O G D R N D M S T H G I L T
B Z E A N A M H C T A W U R T
O R V O O C E D I L W O I D P
Q E K A H A W K C R R H A N N
N T F S F E S J O E S B W O R
E R L P A H R R K L B J R I C
I O A R A S R A G I Z E S S D
T P F D A E O E M O H M S I C
S K E I T R G L E S E T E V E
E R T D M E G E C C K R N U O
H O K L E D A S A H R R D T S
T W M F V I M D P O N N E U H
O O I F S R E A P O T W I U I F
L L M A E R S R R L T O L A P
C B F R E L W A R C G G B P T
```

17

```
O N Q H S I F L A C I P O R T
C A N A R Y I C T R P K N S V
L P N W G Z C I M P Z Z C N P
E H L I A E B B N C Y W S U C
I E U R P B G H A M S T E R D
T S D I A A E E S P Z O H Z A
A O N R I K R K R T Z U B O Q
K C T D Z P E R A B D H T B N
C G N O G I P A E M I U G M Y
O W M A R M O S E T S L O T P
C H U I A T H O R S E U E O P
B G O R F K O K U C S R K R U
P S O T O S P I D E R H I R Z
H P J A L L I D S E T S H A Z
L N K I T T E N F E E N D P T
```

18

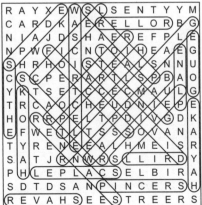

```
R A Y X E W S L S E N T Y Y M
C A R D K A E R E L L O R B G
N I A J D S H A E R E F P L E
N P W F I C N T O H E A E G U
S H R H O I S T E A L S N N A
C S C P E R A R T L S P B A O
Y K T S E T C C E C M A U L G
T R C A O C H E U D N I E P E
H O R R P E L T P D I V D K A
E F W E T L T S S J O V A N A
T Y R E N E E A L H M E I S R
S A T J R N W R S L L I R D Y
P H L E P L A C S E L B I R A
S D T D S A N P I N C E R S H
R E V A H S E E S T R E E R S
```

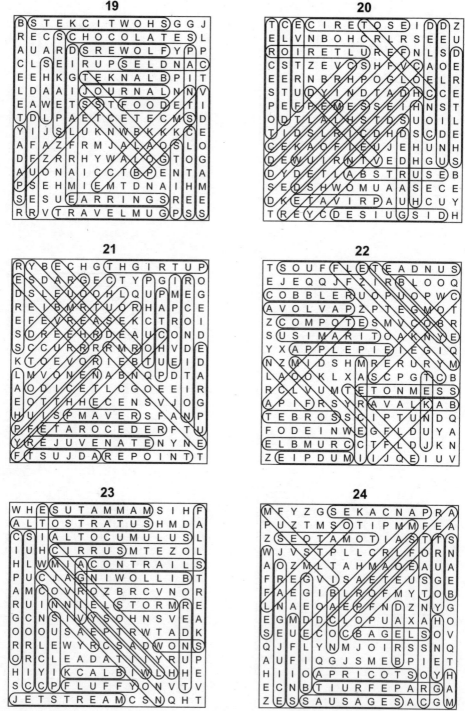

25

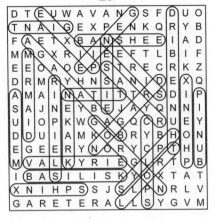

26

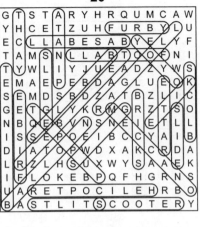

27

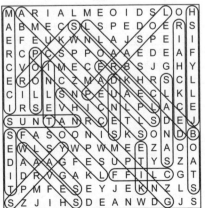

28

29

30

31

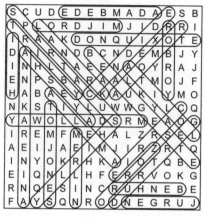

32

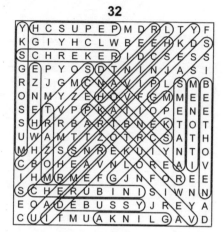

33

34

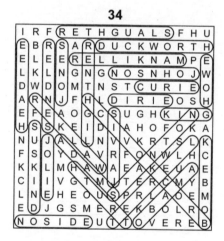

35

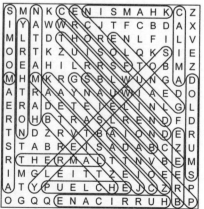

36

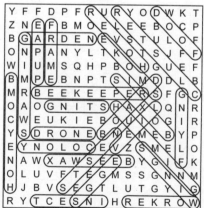

37

```
S S S L O R A C Y Q S E R S S
E G O S L R Y T N I U D S A E Z
I O D N R T N C N S A D I I S
L D T G Y O A E S P N U P N V A
F T O N N R I H D D E P M D O M
R O I K M N N C D U L J R M T S
E H K L A E G S M Y D C B R P L I
T Q A F T H Y I L E S E S O R
T T I W L S W P C W L I D A W H
U B U E O Z S T N E S E R P R C
S S L W T I U R F C X J F D S
V C S E S R O H S T O R I E S
O N E R D L I H C I Y F Y Q I
K H R S G N I D D E W U Y Q N
```

38

```
D E T A C I N U M M O C E R S
R F T S T E U R K A F Y E I E
N E E A T R N C E T U J Y G A
G V I A C H E P E C P C L M F
F W T N Y I T M H E O D G R S
A S Q A T E L A M E S U E W S
H I O U P E T P E A K T N E
R Q R M O T R M P P T P T T E
E J U E E T E R T U E S J I R D
T R B R B N E A O L S R H C E D
T I H A T B T R R G E S S E D
A M O I N T A O R L A P J R A
N Z O C L T U J A B E Q J J
U N U E E B E T P A P L E A D
N I A L P X E R K U E A U Q S
```

39

```
R Y R E D I P S H E L I G A V
F D G N A E T A K U B S V N A
M E I G A A D A L A L U L A R
A T I B L I J O T L N A E N T
N A I V A S T R O I C T V H
S D A N U R A N V L A U R I R O
E U K E C C H A E R B J M V O
R A C N H O L Z A I B M C I P
I C M I E V L N C M L U R P O
N M A U E E G O A Z U A G A D
E N N G O I L K N S H E S R W
L E T N D A M I I C L W O B
F I L A R I I D N D A A U U G
E V E N T O E D E E M L L S L
L Y T C A D O I T R A D L Y J
```

40

```
I A E C A R G A I N A L E M U
M A R M I N A R A B R A B Y H
M A M S A C E A S C M I C T F
S E C N A R F O H I D N E K E
U A E V E S T I C T A B J U L
F L Z N J D L H S N A U H O E
L L T K I L E E A Z L A U R A
O I G D A L Y D I I R I T X N
R C F R L E L A A S I A A O R
E S Y E M R E U S A U R Y I R
N I F A T A U H Q D H L E T F
C R T H E L M A C C K E L I M
E P A T R I U I W A A B L T B
L E T A R I A K E G R J O E Y
B N O H A I T E R C U L D L N
```

41

```
Y G G S E S K Y E K C O H E N
O Y M D I E H O O R A Y F Y O O
L O M N N R O W I N G E A L D D
O P N A T L U N S T F P G N L H I U
P R A S T I C U A V E L T G H N O G B O S I
R E T A V I C E L T G H N O G B O S I
E T T I C B T E S Y N L A Y B E
A W S O A P A R P H I G P L I N
U E P L E A N T V J E L
S A P E L H M G A O E G U C A
O E P I C M H V T O M I K M C
H W N R E E H I G H J U M P P
W G A R M E M U H S V E G D Y
```

42

```
E T I D O R H P A T R A G U S
O T H Q C T A Y G T E Q I H A
H W B E A U T I F U L N L C F
A Y D X M K R N E O W T D R X
J E H S R H I V U N B I E D
I N H S U L T E E R E E A R
J T S M U U R O M I N T R F E
D I P U C R W H F D E H U A I
E E X H T D C I S O K A S R I
A T M S O A Q H T L X N A I S
N D N O T K I T T E N D E E
G E K A K W I D O G T V O T H
E L H E Y B P O M E X S M Q H U
I L Y L O V I N G A A E L Z Q
```

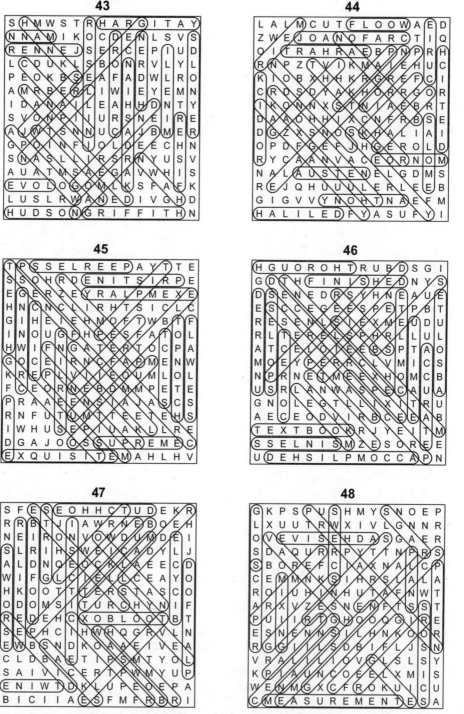

49

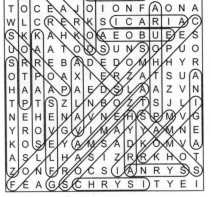

```
K U I P O Z S O X A N E A R M
T O C E A J O I O N F A O N A
W L C R E R K S I C A R I A C
S K K A H K O A E O B U E E S
U O A A T O D S U N S O P U O
S R R E B A D E D O M H H Y R
O T P O A X I E R Z A T S U A
H A A A P A E D S L A A Z V N
T P T S Z L N B O Z T S J N I
N E H E N A V N E H S P M V G
Y R O V G U I M A Y Y A M N E
K O S E Y A M S A D K O M V A
A S L L H A S I Z R R K H O T
Z O N F R O C S I A N R Y S S
F E A G S C H R Y S I T Y E I
```

50

```
K S A T I T L U M F E N B S F
A Y M B P R O T E C T W E S U
F A M I L Y W E N A P E T E F
T C E L E B R A T E E G A N E
E W N Y M U D X R L W G C D N
C I H D T I R O B M T G I N A
I S P R U H L I O C T V D I T
F E U G E A S T E H O H E K D
I N A A I N U P H R D T D H H
R U R C O C S M P K S L T D F
C T E P V E A F D S M R I R N
A P S I R S A M A Z I N G H O
S E P W B T W N K B E V O L C
R T T R K O B E A U T I F U L
W R G N I R I P S N I E A S E
```

51

```
P X T H H S S X M U M O H D A
J O Y S I A D U W Y I A C M F
W N H R Y S R C P K R O T C A
M C I E S A V G T T J Y E Y R
G Q S A M O F P X K R B V E B
I O Q K V P R L E N G I P S J
E H T F G R T R X U O P N O B
A N E M O N E U E L I Y P R E
H E A T H E R V E L F O M R T
G N S B M B Q T S L P W Z A O
S A E Y N I D S A P O S K S N
Y C L E L E Y X Y V U R E H Y
W L Z F X D H L L E B E U L B
S X I T A T D E I E G Q T S O
W J E L T S I H T Q H W F D H
```

52

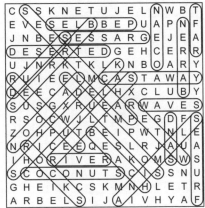

```
C S S K N E T U J E L N W B T
E V E S E L B B E P U A P N F
J N B E S E S S A R G E J E A
D E S E R T E D G E H C E R R
U J N R K T K L K N B O A R Y
R U I E E L M C A S T A W A Y
D E E C A D E L H X C L U B Y
S U S G X R U E A R W A V E S
R S O C W J L T M P E G D F S
Z O H P U T B E I P W T N L E
N R I C E E Q E S L R J A U A
I H O R I V E R A K O M S W S
S C O C O N U T S C I S S N U
G H E I K C S K M N H L E T R
A R B E L S I J A I V H Y A F
```

53

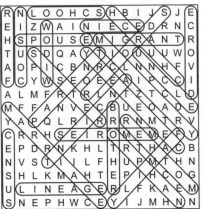

```
R N L O O H C S H B I J S J E
E I Z W A I N I E C E D R N C
H S P O U S E M I G R A N T R
T U S D Q A Y T I Q U U U W O
A O P I C B N R C L N N N H F
F C Y W S E Q E E A I P C C I
A L M F R T R L N T Z T C L D
M F F A N V E C B U E O A D E
Y A P Q L R I R R R N M T R V
C R R H S E I R O M E M E F Y
E P D R N K H L T R T H A C B
N V S T I I L F H U P M T H N
S H L K M A H T E H C O G
U L I N E A G E R L F K A E M
S N E P H W C E Y I J M H N N
```

54

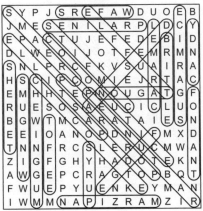

```
S Y P J S R E F A W D U O E B
J M E S E N I L A R P L D C Y
E P A C T U J E F E D E B I D
D L W E O I J O T F E M R M N
S N L P R C F K V S U A I R A
H S C I P C O O M I E J R A C
E M H H T E P N O U G A T G F
R U E S O S A E U C I C L U O
B G W T M C A R A T A I E S N
E E I O A N O P D N I F M X D
T N N F R C S L E R U C M W A
I I G F G H Y H A D O T E K N
A W G E P C R A G T O P B Q T
F W U E P Y U E N K E Y M A N
I W M M N A P I Z R A M Z I R
```

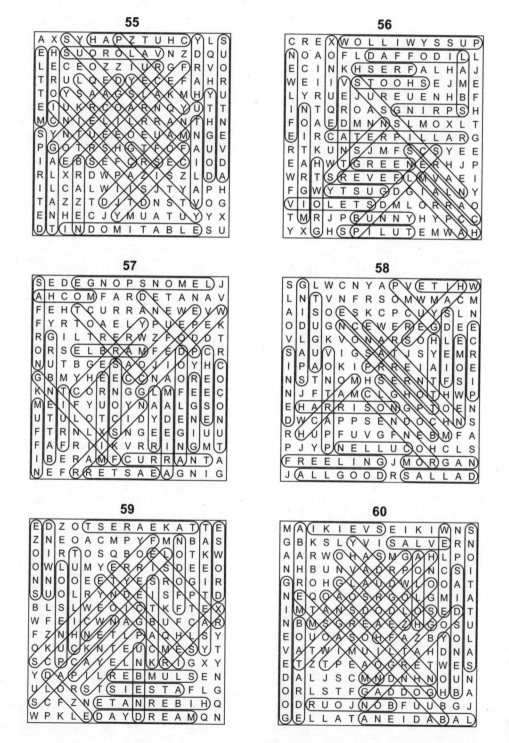

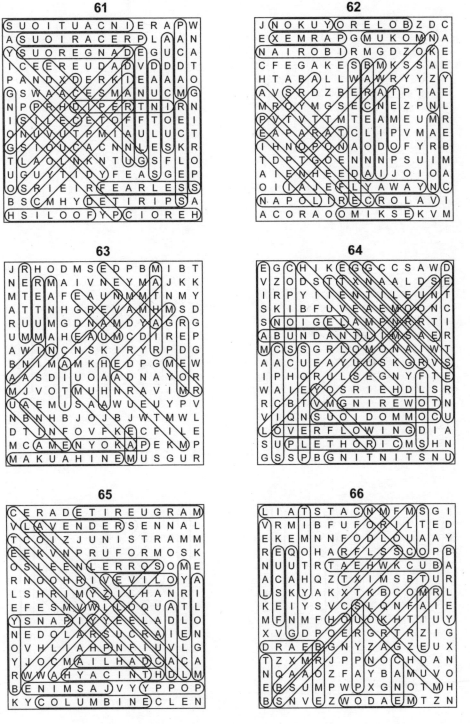

67

```
C N O I T O S E S D H F K A R
C A F F S O S I C R A T E S S
B A R O S U N I M E G J J A E
O I G Y H D O I S E H U T U T
N R X V S O S E Z S P V L K A
S S E H I T R H L E J E U H R
A A E C A R I A O Q I N C F C
B G E D I M G U C M B A I Z O
G A U X I C Y I S E E L A Y S
P T O H P P A S L Z I R N A Y
L H W S U L I H P I D I J J Q
A I H C U R A R A V L N E D B
T A C I T U S O U P I N D A R
O S Z C N I A P W E S E S O M
E P I C U R U S D O V B D D J
```

68

```
B G N I N I H S M T M Z L Z
T P S E D P E R F E C T V U R
D E T R Y T S U R T N G L F A
E U N S E L F I S H S N G H L
S H J J H C T I L O E I E T U
S Y H T R O W M Y O C S N I C
A C J U R M B L K I V A I A A
P Y B I O M N E L I I E A F T
R B O M C E S L D L C L L Q C
U U W E V N Y U L I L P G Y E
S E A A J D A I P F E P E L P
N R E H I A R F V R V N N D S
U H A E L B A I M A E V T B L
S P A R K L I N G E R M L I E
M A J S S E L R E E P D E K
```

69

```
I E K N E M Y R T N U O C A P
R E S I D E N T S I F L L R U
S E E L T W Y T E I C P S A Y
M L C B A H E Y C V U E F N T
A S A E S U A L O B J K Y K E
T L L T S T D N L R S K L A I
L A U H R J N I D E G E I N C
S N P U E O C A V K R M M D O
N O O M H S M S P I I S A F S
E I P A T Y R T A U D N F I L
Z T S N O S R E P D C N Z L A
I A D S R I Z O T S U C I E C
T N R D B Q Y D H S K L O F O
I Y S E V I T A N M I H T C L
C T U M S G N I E B A S Y S E
```

70

```
D E S I V O R P M I F E L S H
S E R A N A T A Z U D D H M E
R O L L I N S Z W J Y R A A K
T E H C E B A N A E H A M C E
Y K P M T J O P L I G G B E B
A R G M T O R L W R T R T S R
W E T O S B E M E N O N U S E
O K H U T D R S R E O A B N D
L R E S D O T E Y Y V V E I I
L A O A F C H N M E E A C A E
A P I E O E R E R I K S K M E
C C E A K E O S R E T A R E M
N R S U B F E I T M D G L O M
F T O M H C T A S B A O A B D
P M S N A E L R O W E N M R A
```

71

```
S Q U E R U T S O P R A D R W
S B P I T C H Y V R C R R W A
E T T C H H V N O A O R A T L
V A G O D I N C E C A O W S T
A C R K V O K O C T P N B O T
T D E A I D T P N I L G R S T
S J C S D A O A C C A E E T B
A E N O T R N T C S E N P E B
T E E E S I A I T C S E N P E
U M J M H Q O U E A N I J E T
F P P O E U A N D R S F E T
O P D T A P Z R J T A N S C A
K Z I V I B T U P C E L O A U
T U E B A S S C L E F R T I L
S R G P O T A B U R S L F Z E
```

72

```
N H J E M L W R N O E M O C E
C C A C L F F O T E S R T P G
P N U U P I W U E K L F P U N
C U E D P I O N E E R O U G U
I A A N E B I N C I T E R I P
N L O I A N M N E N B E E E R
T M S T R I K E U P F O R N O
R R E C I E H T K A E R B P N
O S I F C F T J K W H N S T N
D N E G I Y R C T O R I R U U
U M L N G O I R I N U A N L T
C R E A T E B O O M R R B P T
E Z S A S E R P M T K V S M R
H V M E T A R U G U A N I E E
E M E R G E N P V N A T D B T
```

73

```
E O S R E V A E L E H T I N I
N K C E M E D I V I D B E A B
S N T A L O C O H C K M V V I
L I L I T H S B R O O D C S G
S H J A E S O L E W T A H W L
L C S T H G I N E U L B K H I
U A D E E B E L T T I L L R T
C P E G S H T N O M E N I N T
K A V J Y T H E N E E D M A L
Y U O K I A S P R I N G T M E
B C L L N S W A L U A P O E L
O R E T H G U A D R U O H R I
Y G B N L O L E M A R A C C E
W H I T E O L E A N D E R Y S
J T G D L I H C Y L N O H G N
```

74

```
S E D A L E T O R R E S A L V
E R M O V G R E E N M S N E A
F H I J L U R E R N O C I Y Q
S R N E O O H E P M O N W C M
E F A D G D H U M N D H M U N
P W T S P A M E G U I T R O I
S B A P E D M O S T S R Z S A
N R E L A R O B E S A A T O G A
W O E N U O H R K Y M Y I V A
E P U D I T E S D A Q U G H R
V B E A N G S H J O U P R H A
E S A O N T E I A H G C I V A
S D V A P E L R V V E N S A E
B M R P L E N F B H E A E T T
T O I M O E K I D N O L K A E
```

75

```
J E E T I R D N A X E L A K M
S A R D O N Y X D L A R E M E
P C X U O E R Z T R A U Q S E
E V H M H T S A V O L I T E T
R Z A A B J A C I N T H N T I
I T L L K O C A E Y O R I N E
D R S A E C L L E P T D T N E
O C Y C N C E C I S O E I A D
T O H H E T L D N V N L E T D
L N T I H E C O O R I N I I I
E A E T P R O I A N T N P T H
N U M E S M Q G U L Y O E T E
I R A B A E T I Z N U K F E R
P Y D E R E R I H P P A S A
S V T O U R M A L I N E O M P
```

76

```
I O T I Y O L K S R A E P A S
D D L P Y S O U J Q Y S J Q V
O R P S B K C W F R G A O S U
H O Q M I Y A G A K B E X B M
P U E H T I T B U S N P U R K
Q J S K N Q U K V S E A P E F
U R X K X N W X S T D V H H A
G X B S D Q C M P U M L A T N
N S T A Q H U C D N S R E O I
I A N A A L S T L E H E F I L
N C Q F P N L Y L O Q P V F F
E K F J O E O P P T Y P R F S
P S B I Y L P S P G U U R D F
I G N I K A M Y A H I S O W N
R O Y A P U P P Y T F P B G A
```

77

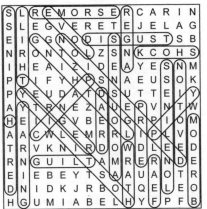

```
S L R E M O R S E R C A R I N
S L E G V E R E T E J E L A G
E I G G N O D I S G U S T S B
N R O N T O L Z S N K C O H S
I P H E A I Z I D E A Y E S N M
P A T I F Y H P S N A E U S O K
P A Y E U D A T D S U T T E I Y
A H Y T R N E Z A U E P V N T W
A E I I G V B E O G R P I O M
A A C M L E M R L I P L V O
T R V K N I R D O W D L E E D
R N G U I L T A M R E R N D E
E I E B E Y T S A A U A O T R
D N I D K J R B O T Q E L E O
H G U M I A B E L H Y F P F B
```

78

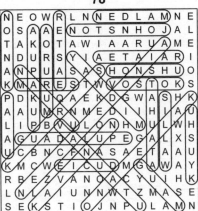

```
N E O W R L N N E D L A M N E
O S A A E N O T S N H O J A L
T A K O T A W I A A R U A M E
N D U R S Y I A E T A I A R I
A N P U A S A S H O N S H U O
K M A R E S T W V O S T O K S
P D K U Q A E K D G W A S H K
A A U M R N M E D I H I A U
L I P B V U L O N H M U L W H
A G U A D A L U P E G A L X S
U C B N C F N A S A E T A A U
K M C W E I C U D M G A W A Y
R B E Z V A N O A C Y U I H K
L N L A I U N N W T Z M A S E
S E K S T I O J N P U L A M N
```

79

```
V K P L P D I I I L T L S N C
N A S P D R U O L H L C V L J
H H E A C B V A E F Y W A W
H D L S H K H I V W I B G S I
S T R E E P F B G B R G B T L
U E U C P F Y A R D E H E L I
S U W G I V S E K R R B G P I
I U M R U I N G L E T I J H S
W I G T T N D D H S O R T E T
O P A R A D I S M O E U E N R
R N U D L E I I M A T R G S H
T C R C V E T S Y P O P P H M
L B U E L H W A D E L V P M
A O G V D F E N M L F N B U
P H E U N O S N H O J A N W G
```

80

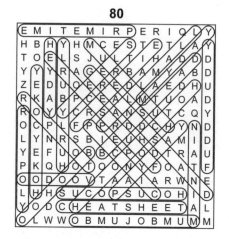

```
E M I T E M I R P E R I O L Y
H B H Y H M C E S T E T L A Y
T O E L S J U L T I H A D D D
Y Y R A G E R B A M Y A B D U
Z E D U O E R E D I A E D H U
R K A B P C E A L M T U O A D
R O Y V C R S A N S U T C Q Y
O C P L F P E R D D C S N I A
L Y N R S B I E U H S A M I M
Y E F U O B B C P O D T R A U
P K Q H O T O O N F O A T E
O O D O O V T A A A R W N E
L H H S U C O P S U C O H I D
Y O D C H E A T S H E E T A L
O L W W O B M U J O B M U M M
```

81

```
E E H S N A B E R F C D U W H
I Q T E H I P P I E I S O L F
G M S S S B D R N A W R H C A
R T O B O R E T G C C T S E L
I E H W P M U Z C E U H N Y L
M D G J A R K N R S N G A Y Y
R D Y N I R W A J U O I M M R
E Y D O N A C I E A J N E M O
A B N R B S C J T L W K V U G
P E U Y A H E S J C I C A M L
E A P E O Z A B K A H O C Y F
R R F A N B I R P T J P M A P
K W E T I H W W O N S S I R D
M N N W O L C O A A T R X X Q
N O T E L E K S C S Y M U M J
```

82

```
S E L R E V E I R A T V Y H G
S N R U B N Q E M P R G K B G
J E S N Y L S I F E E R R C D
E E N Y T N A L L A B L O V R
R Y I A E Z I S P S L E G H A
O H I P H G E E A P I W R J G
M T S G Z P Z O I G G I I Y Y
E R S P H Z O P N Z A S M E A
E O P N O R E T E T N N M L H
L W Z A A T T Y S K E G P H R
Y S V I V I H K I J A Z C E
L L C H A T E A U B R I A N D
R A W M A Y Y A H K R A R E I
A G N I K S U R E H A Y O B R
C H E K H O V R C Z B Y A J E
```

83

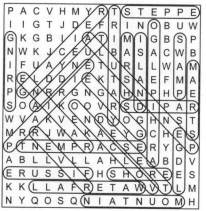

```
P A C V H M Y R T S T E P P E
I I G T J D E F R I N O B U W
G K G B I I A T I M I G B S P
N W K J C E U L B A S A C W B
I F U A Y N E T U R L L W A M
R E L D D I E K T S A E F M A
P G N R R G N G A H N P H P E
S O A I K O O V R S D I P A R
W V A K V E N D Y O G H N S T
M R R J W A K A E Y G C H E S
P T N E M P R A C S E R Y G P
A B L L V L L A H L E A B D V
E R U S S I F H S H O R E E S
K K L L A F R E T A W V T L M
N Y Q O S Q N I A T N U O M H
```

84

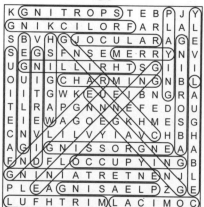

```
K G N I T R O P S T E B P J Y
G N I K C I L O R F A R L A L
S B V H G J O C U L A R A G E
S E G S F N S E M E R R Y Y V
U G N I L L I R H T S G I N I
O U I G C H A R M I N G I N B
I I T G W K E U E I B N G R O
T L R A P N N N E F E D O S
E I E W A G O E G K H M E S B
C N V L I L V Y I A V C H A
A G I G N I S S O R G N E A
F N D F L O C C U P Y I N G L
G N I N I A T R E T N E N J L
P L E A G N I S A E L P Z G E
L U F H T R I M L A C I M O C
```

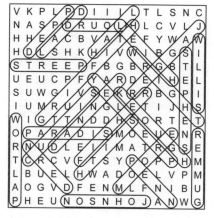

85

```
U S I S N E B I R K E R M S A
C N A R T E T N O E N U I R H
A K S N A D U C A R R A B C I
P R U I C E N O N E M E L W B
D P C U S I E D V E Z O Y L A
E U S Q N J Z E S D W P A S R
R F I E E U S E E N P C B W O
A F D L E L F R L U K I R O B
S E C R R I Y O G M I M A R S
O R H A G E A L O G P A B D A
T N Y H T C P L E C O R Y T R
N S T T H F L L P T R U S A I
O E Q M A Y I C C L E O O I A
R F U I Z L P S A R M G R L E
F O S C A R P Y H W I L Z L I
```

86

```
K O B S R R O H S T A M P E N
Y D H E C S E B T U S I A M E
T H T K R L I P U O C I N A K
K A J A E W I L M K L F O Y C
W R P C V O R L L A V C U O I
E D E Q J B E E D F H M E N H
R B P M S F S A B E O K H N N
C O P M C H E E S E M A R Q A
S I E S E R O F B A U R K I K
K L R S B G F T O A P C A S C
R E S E E O N S A Q N P U E I
O D A P C U P A P M L A L C H
C E L P F O S H R A O L N E C
L G A A O B E R T O V T E A S
O G D N Y U A E T A G E S E S
```

87

```
P R E T H G U A L I S A E A U
N R E R A S E M K G A M A A S
S E T A L P A K N S E N G S N
H A P P Y R N O K S U O G U O
G K Q S Q L S U R P R I S E I
L A P U E C I E M E H T I S T
A J E T L M S M R L S A C K A
S E U O J D A M A E T T E N R
S T W K N C U G U F E I C A O
E N F E V S A G I U R V R P C
S S I I G E N G O N N E K I D
N R F C G D S Z D E G I A I L
F E S E H S I W E L A E M N L
W E N T E R T A I N E R W S S
H C E E P S A S T N E S E R P
```

88

```
L P W D M J L T T A S S A C Y
Y I A S I O E G R U O B S C G
W G T C H F R E M I N G I O R
H N J R H M P L E N M A R C O
W C A U W A A L G E J K G E C
C W N J A W G W N R Y F N L K
H R B U R M F A A N C H E R W
U S B E M L H D L E O B J E E
T E N A M F U G Y L R S K T L
R C A G F E I Y O U J H R N L
E E I F R A E R N G N E G I U
J W R F R E M B R A N D T M N
W G A U G U I N G O L A N M O
G I R I D F B W I O U K V B D
J F R A Z I E R Y E N K C O H
```

89

```
O Y L I L A N N O D A M V G Z
Y E E R E S T I N E P Q I N E
E E G R B G A R L I C N O C L
L I R A T I F Y L R G R L O I
S R O F V A K S N E F W E R M
R E X T M O W M R F G W T I O
A G E I W O L L A M H S R A M
P I Y E H C K C S U N D E W N
Y N E T N O I L E D N A D A
R D A E Q H A L H B L R D E C
O E A D O G K N I G E S P A R E
R R I A M A B J R L C E R K E
R G J Q Y R R E B N A R C E
I N Y I M J O O H E M L O C K
S E Y M A S L A B A L S E M V
```

90

```
Y Q A Y N P L Q C A O E N X G
G O U N Y M U D J V G O N M Q
R L L I H C A E P A L U U L C
F O R E N Y Y R G E G L I E E
Y G I F G C U N M L P M A Z N
N A A E M N E B I N E C W V I
F N C J E E A K H O T O P O T
F B K W R N O T U M A V S I N
C E H G A A Z Q M D H U J E
X R N N M D M T G I O R E V M
A R A A E F U R D S F U I Z E
H Y N B D F S X A R Y L A E L
N G B N L K T C A E Q I K T C
O E E X A F A T T P P A G Z Z
V Q O H R T S I W I K W M W Z
```

91

```
Y T R G R L E I S U R E U S E
N H E I Y E M R O M A N C E L J
W E V P N F M S U M K X H S J
A C L E G A O E J T J M Y S M U
W L O I H N L U E M E A A P E U R
W O S T I H P J R B N N E R P R S
O U N T G E T U N N E F R P Y L I
L D U U N G S H H O H R I Y I
V D O K O A I Y E W D E O O C I D
E L R Z L P D Q D T L D N C O
S T H E H I G H W A Y M A N O
S I M M A Z E P P A L G Y T F
V S Q H L M Z W V S I A E V A
T E R C E S S E V O L P O R A
A B R E T H E R A V E N M T D
```

92

```
P D E G A R O B G M E F O I U
O C H I C O R Y A L A M A B G
S S F U H A L F R E F A Y E M
S Y E T I X O R M L A M R A H L
Y B N D V E R Y I Y M C U E T
H C U A E Y A S C E I E M F L
T H G N S B R A E N R O S E L
O E R D D T M O R R N S R O L
M R E E T O K A V B A R W E R
A V E L M N D F A A O D N W B
G I K I A A I L V S S N I D E
R L O L G M M G H E O D S S
E E N M E F P T E D I R M H
B S O R E R E D N A I R O C M
E M A R J O R A M H C I W Y O
```

93

```
I F H S U I R A T T I G A S W
N T O C D R E C N A C E I K L
I C R A R P B E E X D O L N E
M S A L U Y M E S X P T I Q E
E W S E D E A R U P R G O R H
G Z C S L R S L O A R L N P W
A J O E C C X S H I S I R I A
S O P H O H I C U R K O E D
T G E R P T I N I E B S C Z S
A R P M I L A R A N T L I Q A
K I R O X G A D A A A E R G R
O V N A B U I N R E U O P M B
P N E F O N G S E I R A A E I
K R C A G K V A W T U R C M L
E P O C S O R O H O S F O L D
```

94

```
C E Y P B Y K M L H A M A N K
E I E Z A F N V A G U M R U N
A M T C K I P T A I N A A T R
N Q D A F N O A M D T E T I R E
A S N B D D A E Y Y I S I D T
K P I P N E R R Y D N T V D O
R R W A O P L T S R J R O A U H
A I W T G D S E U A H O N E T P
M N O L E I T L D W L L G T
U G N L E W I P A N N E S L A
G F S F I F U I R O N D A E N
R E G N W I R R G T U T Z M C C
Y G K R C N C T R G U K T O H E
A L A S K A E Y F R V D Z H T
E G A L L I R D N E T R S L T
```

95

```
E N I L D L R O W W E N A E L
O F G R E A T C M A J O R E P
E C G N A C I O R E I W F E A R
C V S O I P N C M T U A K S R I
I W U L T R T A A F U R P N I S
T E M E Z H P L T S T A H K S
P A M N L Q I S T I G O H C E
Y P I A T A C C P A T K C E C
L L X P N L O N D O N E L X
A E W J G F N E H E H T O T
C R A A C S R H B E N C X I M
O E R R H R R E N A K B I C M
P T N R S D H A D W E S T A M M
A N O I T A M R O F E R E N G
C I N O V A L S E I M S H O D
```

96

```
N P H L J Z E D I S A E S A P
I R Q I U X C P O L A N S O M
A O O H N R U I I U W U L S I R
H N F S E I J R X J A T A E S
C G S G E S U T R P C Y W D A N
Y E A S G S Z Y L A L O Q C N
S L V R N U E A R U M B L V D
I N Y G I R Y D J N E P O T A
A K J H N F S J A U D V S V U T
D T E N N I S A C M U Q A U T
T A C O A N L H C S H O R T S
T T N E T G N T S U G U A G D
P B A D X N V X N B Z N P U N
T B Y A C I Y B T R O P R I A
S P S A W M J X O S Y C J I B
```

97

```
E O S I T N A T S N O C T F S
G T J K T O C C F U L S C U T
D R R Q J Y C H F O I N S D A
O W S P R Z E X U S S T R B N
L X E R A S P H R R A S X B D
V E A L V X T E K I M A D O F
K T N L O Q P T N L P L M E O
S X S R G L I V E O N L E R R
T B I E U V Y O K Y H L C U S
I Q U B R O O K A T T E N D U
C L L E W D J W G T Y D X N R
K Y E V D B A Q E W N I M E V
O A L F P I E S S P N S L W I
U T J X T N I A M E R E Q W V
T S A M U Q W O R B O R S R E
```

98

```
N K R E D A E R S W E N N O K
E R A E Y W E N E T N E W C N
W A T I S N E W M V W I I N E
G F N E W Y O R K M I W G E W
A N E W J E R S E Y S R N W B
T N M N O I R X B N Y E W D O
E E A E N T I O U S W P N E R
L W T W E C W R S T K A D N N
K F S M O A B E O C L P L I N
O O E O W N N N A L S R L E E
O R T O E E E N L W O W E W W
L E W N A A Z W V W E W E W A
W S E N N C W E N A W N W E V
E T N L A E D W E N G E E S V
N R E G N O M S W E N E N N E
```

99

```
D E R A E S L F T Y T M C E T
R E A T E S I C C O T E H E I
H Y G R A N D N U F R D D C R
M C D N A B A R I T L A S G E
A O N A B A R I T L A S G C A
L N S A N A E F I O E L Z O L
S T Q E M E I H C R V I L V P
D E C E R C S C U I R O E A P
N S N F A S A A Y P T N P T T
A T B T T U L E B T M R W I S
R E Q T C N A E T T E S O R
G O T W A C F R D H G L K N I
C P A E I E Y Q Y E Q A V V F
C H V A N S Y E N O M Y N O N
E Y E T M S A R K O L N T I I
```

100

```
T I V D U R E R D E L C V J N
I O R K E R I O N E R M O F I
C T X M U F C S P N G O M J E
U S S E Q N A K I W A A O M T
Q L T N A B A A Y R O G S M S
B E L O R G R Z X F G B B R N
I X T O B E O Y F G W L O E E
Y K W L D Y L Y N H G L D N T
M N H E X R S I A I L Y A R H
Y V I L L W D F Y E L N C U I
N B N J O O X S T F G A M T I
B D A T R L C A Q O U O D H L
S X S G U O N W L G R D J Q C
F E H G U O R O B S N I A G I
W K Y Q D Z B K E E E L K F M
```

101

```
D I H C N C N L E I U C A L A
M H H W E W Z G M B T S I H E
R S R A P K R T U T E C D S E
A B A M M B E A H L E P R A W
B C M Z A M N L A C R E A T O
I B O I P N A W L I S R D Y B
N I S S A C D R D O T E U A G
N Y H N H A W E S E G S A R T
O E O S B S O E L K H G Q U C
M D R T R B T Y L A J C X H C
S O T N A S A C I B H O N L U
C N A M N D F D T F M H U L R
Y K A G D W A K U J F I N D B
R E M P T B R S T L Z U R M T
C N I G E B A U V Y B T L
```

102

```
J M J D Y T R E B H T U C R P
V D Y G A R D E D L O C K A H
G O E J G R E T R A C R M K M
T O D D N U T T H M M B G S M
S W Y U A J U B S O S J C H A
L H S E K M B E R A Y B S H A
E S G E A K J E S U C E O E R
V A D R M R L U R V P N N R R
E D C Y R A R W R Q O N A O G
N H P C M T I A L U R E T I R
O J O H N S O N M I T T I K R
N P H A V I S H A M N Y K T W
B J A M I S O N K B O K K F R
M G G Y B K J U W Y Y R R U M
A G D F I Y R U B R E T A W J
```

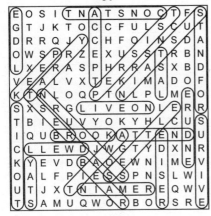
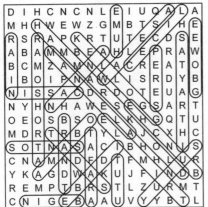

103

104

105

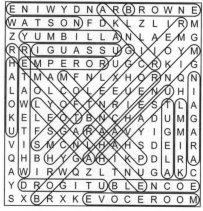

106

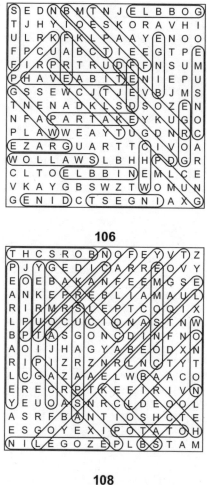

107

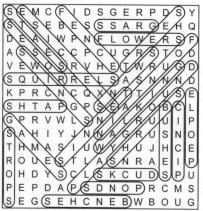

108

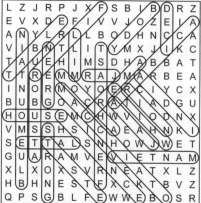

109

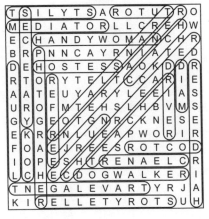

110

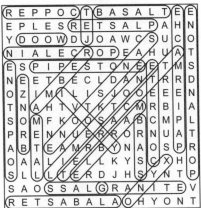

111

112

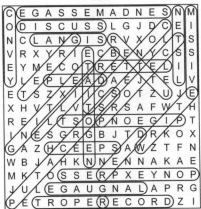

113

114

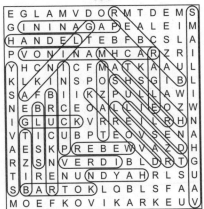

115

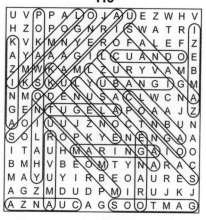

```
U V P P A L O J A U E Z W H V
H Z O P O G N R I S W A T R I
V K M N Y E R O F A L E F Z
A Y A A A G I L C U A N D O E
Z M W K A M L Z U R Y V A M B
I K S K U K Y U B A N G I G M
N M O D E N U S A C L W C N A
G E N T U G E L A P O A A J Z
A O I U U J Z N O C T N B U N
S O L R O P K Y E N E N G A A
I T A U H M A R I N G A I O O
B M H V B E O M T Y N A R A C
M A Y U Y I R B E O A U R E S
A G Z M D U D P M I R U J K J
A Z N A U C A G S O O T M A G
```

116

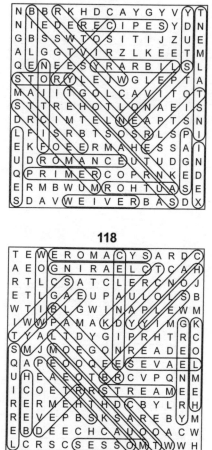

```
N B B R K H D C A Y G Y V Y T
N I E D E R E C I P E S Y D N
G B S S W T O S I T I J Z U E
A L G G T V I R Z L K E E T M
Q E N E E S Y R A R B I L S L
S T O R Y L E J W G L E P T A
M A I I T G O L C A V I T O T
S T T R E H O T L O N A E I S
D R C I M T E L N E A P T S N
L F I S R B T S O S R L S P I
E K F O E E R M A H E S S A N
U D R O M A N C E U T U D G I
Q P R I M E R C O P R N K E D
E R M B W U M R O H T U A S E
S D A V W E I V E R B A S D X
```

117

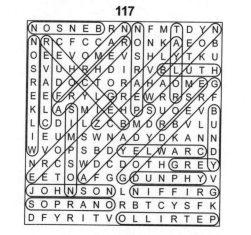

```
N O S N E B R N N F M T D Y N
N R C F C C A R O N K A E O B
O E E V O M E V S H L Y T K U
S V U H R H D I R V B L U T H
R A D O C T O R A H A O M E G
E E F R Y L G R E W R R S R F
K L A S M X E H P S U O E V B
L C D I L Z C B M D R B V L U
I E U M S W N A D Y D K A N N
W V O P S B D Y E L W A R C D
N R C S W D C D O T H G R E Y
E E T O A F G G D U N P H Y V
J O H N S O N L N I F F I R G
S O P R A N O R B T C Y S F K
D F Y R I T V O L L I R T E P
```

118

```
T E W E R O M A C Y S A R D C
A E O G N I R A E L C T C A H
R T L C S A T C L E R C N O J
E T L G A E U P A U L O L S B
W T I B L G W I N A P L E W M
I W W P A M A K D Y Y I M G K
T Y A L T D Y G I P R H T R C
S M J M O E G O N R E A D E O
Q A P E O O Q E E S E V A E L
U H E A E O T B R C V P Q N M
I C O E T R R S T R E A M E H
R E R M E H T H D C B Y L R H
R E V E P B S K S A R E B Y M
E B D E E C H C A U O O A C W
L C R S C S E S S O M T W W H
```

119

```
S D W S A L L A P I A S E Y B
U A P R E I C C S O I L E H A
I Z H A E Q B U D N E T T A M
T O E Y L H R Y C H Y D R O S
E L G M M A E O R W S A F I E
O L A R F T E E M Z U A M U H L
L M R G U N S E A E T F T E
N H A J S J O Z T R P U L U N
M T M C E A R C E R A O O A E
E D V A D C I H E N A S L E S
U V V O T U O C A A O N E L K
Z K N H Z T N C R P N I A A O
W I F E Y U O S Z I S U P K K
S E S R E P A N B W U O S E B
T B B S U I P A L U C S E A L
```

120

```
Y I U F E S I R N U S Z O H R
A R I S E F O F F T O W O R K
H E G G D S L G U S P T G E B
S X C N F R E A W A K E N N R
U E N R I S E A N D S H I N E
R R C L R H T S W N B X N B A
B C H O S E S R S A E P W B K
R I M O F C G A E I A L A C O
A E E T A Y E A R T C G S A S
H S S N O O Z E T E T H H K T
D S L I P P E R S C E V O C Y
G N I K A M D E B E H L W R S
B O R E T E A C U P E L E O E
P A D E Y E Y R A E L B R W S
```

186

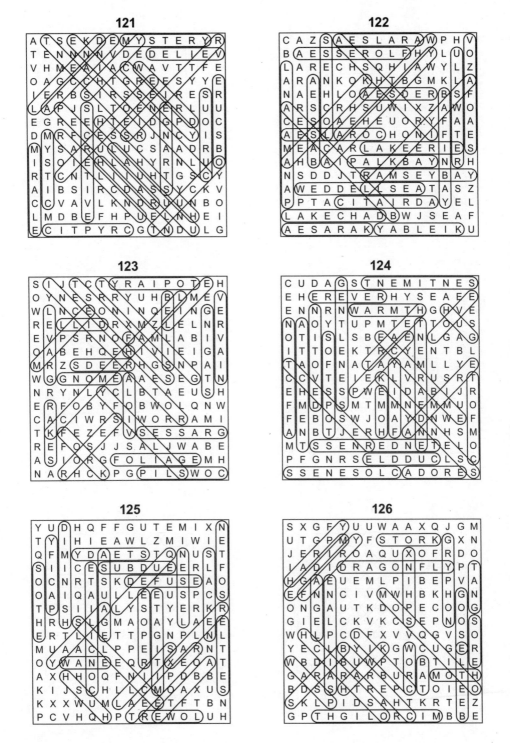

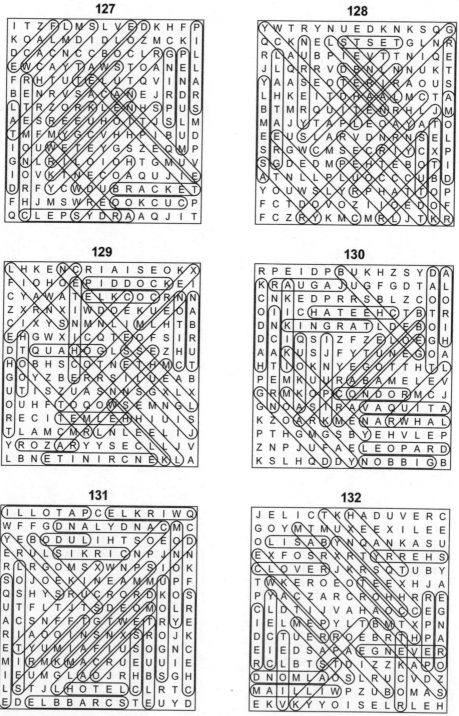

133

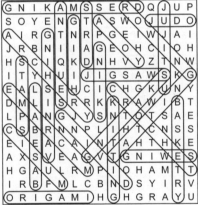

134

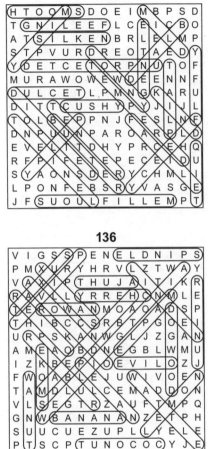

135

136

137

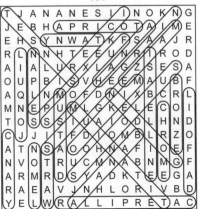

138

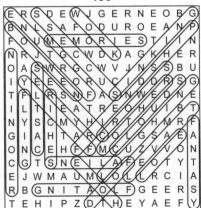

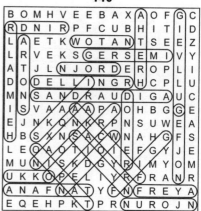

139

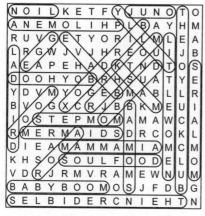

```
N O I L K E T F Y J U N O T O
A N E M O L I H P L B A Y H M
R U V G E T Y O R I L M L E A
L R G W J V J H R E O U I L J B
A E A P E H A D K T N D T O S
D O O H Y O B R H S U A T Y E
Y D V M Y O G E B M A B L L R
B V O G X C R J B B K M E U I
I O S T E P M O M A M A W C A
R M E R M A I D S D R C O K L
D I E A M A M M A M I A M C M
K H S O S O U L F O O D M C M
V D R J R M V R A M E W N U M
B A B Y B O O M O S J F D B G
S E L B I D E R C N I E H T N
```

140

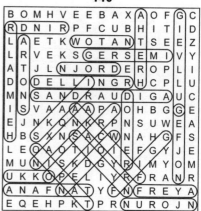

```
B O M H V E E B A X A O F G C
R D N I R P F C U B H I T I D
L A E T K W O T A N T S E E Z
L R T V E K S G E R S E M I V Y
A T O J L N J O R D E R O P L I
D O N D E L L I N G R H C P L U
M S A N D R A U D I G A U C E
I S V A A A A P A O H B G E A
E J N K O N K R P N S U W E S
H B S X N S A C W N A H G F J
M U N S K D G Y R M Y O M
U K K O P E L I Y R F R A N
A N A F N A T Y F N F R E Y A
E Q E H P K T P R N U R O J N
```

141

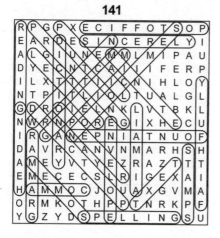

```
R P G P X E C I F F O T S O P
E A R D E S I N C E R E L Y I
A L G I U N E M M L M I P A U
D Y E C N T C A I I F E R P
I L X T T F I C N I H L O Y
N T P I T L I O L T U A L G L
G D R O I E L N K L V T B K L
N I W R N P O R E G I X H E C U
I R G A N E P N I A T N U O F
D A V R C A N V N M A R H S H
A M E Y V T Y E Z R A Z T T I
E M E C E C S L R I G E X A I
H A M M O C J O U A X G V M P
O R M K O T H P P T N R K P L
Y G Z Y D S P E L L I N G S U
```

142

```
L A Y S O E L B A R E F E R P
A T T E F R O I R E P U S F P
T M D E N I L M A E R T S I O
I R L Y D H U S R S D A T T L
M E N D E D A E M E L P R T D
E T R A H O C N R A A S O E E
O A L E C T D U C R Q N R H S
V E D A I E C E B E G T G D I
D N U F R H A D M P D D E D I
N J I S N G T O I R N V R R L
M E C E E D E R E V O C E R O
D S W E E T E R O R R F S J P
D E T C E F R E P W E Y E R A
S O U N D E R M R E T A E R G
H D N D E S I V E R S U C U E
```

143

```
K D R H P S G E E H N V U A C
S S R B L H N E E R C S V F T
A F S R A T S E M R E P T E T
E T L O Z S I R W I A M G W
T V F Y P G I I G D L U L B P
I H I O O U A E K E L E Z H Y
S N R L Y N P R N O I I Q Q S
N T I V O T T T V L U N H P K
I H C O S L S H M Q E O A C O
T D S O I H N S E I L O W N I
E P D V O E W L N W S O U N D
L E A W M E R E P E A T S R U
G N I N E D R A G K L A H T
U A R E P O M U S I C M L J S
B C A O E O A T U E A O K P P
```

144

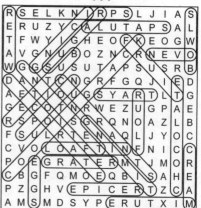

```
R S E L K N I R P S L J I A S
E R U Z Y C A L U T A P S A L
T F W Y I G H E O F K E O G W
A V G N U B O Z N C R N E V O
W G G S U S U T A P S U S R B
D A N T C N G R F G Q J I E D
A E T I O U G S Y A R T L T G
G E C O T N R W E Z U G P A E
R S P O I S G R Q N O A Z L B
F S U L R T E N A Q L J Y O C
C V O L O A F T I N F N I C A
P O E G R A T E R M T J M O H
C B G F Q M O E Q B I S A H E
P Z G H V E P I C E R T Z C A
A M S M D S Y P E R U T X I M
```

145

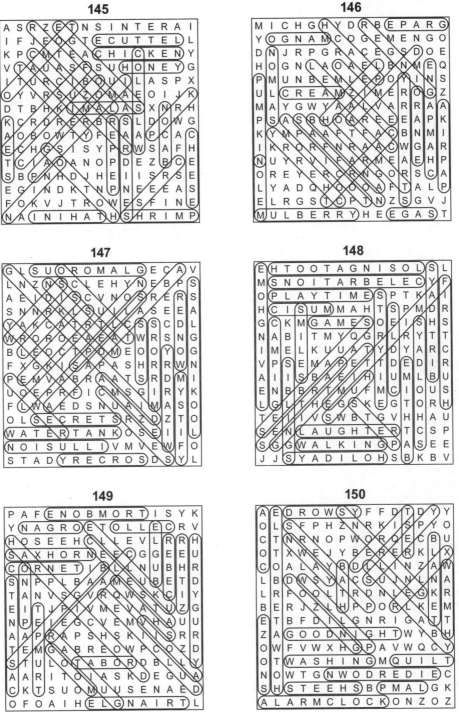

146

147

148

149

150

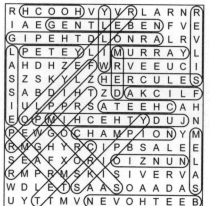

151

```
U S D E A R T A P O E L C S S
R I T O L N L W Z H N S E H
E B B H U I A D U E U S U I
M U D B O L N C F R H M S E
R N I L E C Q R O U A V E R
A A H Y G Y B H E U L H M T O
N E S S P H I N X V L O A G
T I R I A M A S K S I A R L
S S R A R W A L U W D R A Y
E N S T K I A P K E S A W N
I W Q C M A S R D A A H A R
R I T U A L B O U I R P H C
P P M Q Z R I S U B A N G K
P M P I T B A H S U A L A O
Y L E G S I D B C A P E S K T
```

152

```
R H C O O H V Y V R L A R N R
I A E G E N T L E B E N F V E
G I P E H T D L O N R A L R V
L P E T E Y L I M U R R A Y L
A H D H Z E F W R V E E U C I
S Z S K Y L Z H E R C U L E S
S A B D I H T Z D A K C I L F
I U L P P R S A T E E H C A H
E O P M I H C E H T Y D U J N
P E W G O C H A M P I O N Y M
R M G H Y R C I P B S A L E E
S E A F X O R I O I Z N U N L
R M P R M S K I S I V E R V A
W D L E T S A A S O A A D A S
U Y T T M V N E V O H T E E B
```